丽水特色食品

◎ 陈国宝　李伟荣　主编

中国农业科学技术出版社

图书在版编目（CIP）数据

丽水特色食品 / 陈宝国，李伟荣主编 . —北京：中国农业科学技术出版社，2017. 11

ISBN 978-7-5116-3286-9

Ⅰ. ①丽… Ⅱ. ①陈… ②李… Ⅲ. ①土特产品－介绍－丽水 ②食品－介绍－丽水 Ⅳ. ①F762.7 ②F768.2

中国版本图书馆 CIP 数据核字（2017）第 241841 号

责任编辑 崔改泵　李　华
责任校对 贾海霞

出 版 者 中国农业科学技术出版社
北京市中关村南大街12号　　邮编：100081
电　　话 （010）82109708（编辑室）（010）82109702（发行部）
（010）82109709（读者服务部）
传　　真 （010）82106626
网　　址 http: // www.castp.cn
经 销 者 全国各地新华书店
印 刷 者 北京富泰印刷有限责任公司
开　　本 710 mm × 1 000 mm　1/16
印　　张 17.25
字　　数 347千字
版　　次 2017年11月第1版　　2017年11月第1次印刷
定　　价 98.00元

《丽水特色食品》

编委会

主　　编： 陈国宝　李伟荣

副 主 编： 任爱清　杨　选　余慧玲

参编人员： 应跃跃　雷　吟　季立婧　徐华聪

范芳娟　黄　莎　陈金华

前　言

丽水市是国家级生态示范区、中国优秀旅游城市，有着“中国生态第一市”、“长寿之乡”、“华东氧吧”等诸多美誉。根据《丽水市国民经济和社会发展第十三个五年规划纲要》，2020年生态休闲旅游业将成千亿级产业。2016年市政府《关于加快推进农特产品转化为旅游商品三年行动计划》明确指出，2020年实现农特旅游商品销售额160亿元。因此，农特旅游商品在丽水将迎来前所未有的发展机遇。

由于丽水独特的山区地理环境及历史上各个村镇之间交通不便，形成了各地不同的饮食风俗习惯，衍生出很多具有乡土气息的特色食品，有很大部分不仅风味独特、健康养生，而且有着深厚的文化内涵。本书通过对丽水特色食品资源进行收集整理，并编写成册，希望进一步促进丽水特色食品产业化开发，丰富丽水农特旅游商品，另一方面希望更好地让游客在丽水吃好、购好，从而在推动丽水旅游业发展尽一份力量。

本书共收集了78个特色食品，按丽水九个县（市、区）分为九章。有些特色食品并不只局限于一个县（市、区），在其他县（市、区）也有生产，我们按照产品的规模大小、历史文化等因素，将其归在某一县（市、区）作介绍。在特色食品选定方面，一是符合《国家食品卫生法》中“食品指各种供人食用或者饮用的成品和原料以及按照传统既是食品又是药品的物品，但是不包括以治疗为目的的物品”要求。二是产品必须要有一定的地方特色和生产规模或普遍性。每个特色食品的内容介绍包含产品的简介、历史文化、特色及前景、制作工艺、营养参考等部分，并对制作过程中主要环节进行彩图展示，读者能比较全面和直观了解该特色食品。

由于编者写作水平和摄影水平有限，在文字和图片上均存在不足之处，恳请读者予以批评指正。本书在编写过程中，得到各县农业部门、特色食品生产者及有关专家的大力支持，在此表示衷心的感谢。

《丽水特色食品》编委
2017年8月

目 录

莲都特色食品

缙云特色食品

景宁特色食品

龙泉特色食品

青田特色食品

庆元特色食品

松阳特色食品

遂昌特色食品

云和特色食品

附　录

莲都

特色食品

莲子脆

简介

莲子是睡莲科水生草本植物的种子，是卫生部公布的“既是食品又是药品的物品”，民间大都用作高级滋补品。丽水1 400多年前即已盛产处州白莲，具有“粒大而圆、色白、饱满、肉绵、味甘”五大特点，营养丰富。处州白莲颗粒肥大饱满、呈半椭圆形状，中心有凹处，外观颜色呈白色或者微黄白色，口感脆绵香甜，品质高于一般的白莲。

莲子脆是用处州白莲为原料，采用真空低温脱水工艺加工而成的一种休闲食品，具有含油率低、营养损失少、无添加剂、保质期长和食用方便等特点。

历史文化

丽水古称处州，又名“莲城”，有“白莲之乡”的美誉。早在1 400多年前荷莲就已经开始在处州被人们种植。为了在闲暇的时候能够赏荷品莲，南宋著名诗人范成大任处州郡守的时候在自己府内构建了“莲城堂”。更有《处州府志》载：“自萧梁詹司马疏导水利，有濠河二处……其壕阔处，半植荷芰，名荷塘……”明代的大戏曲家汤显祖任处州府遂昌县令的时候，因其喜好“莲”，多次在自己的诗词中提及“莲城”。

产品特色及前景

我国历代医药典籍记载，莲子具有养心安神、健脑益智、消除疲劳、镇静、强心、抗衰老等方面的作用。莲子富含蛋白质和各种维生素，特别是人体必需的常量矿物质钾、钠、钙、镁、磷含量远高于一般蔬菜、水果、肉类、蛋类和水产类食物。微量矿物质锌、硒对提高人体免疫功能、促进生长发育、维持正常生育功能和抗肿瘤、抗艾滋病具有重要意义，莲子锌、硒含量也显著高于一般食物。

真空低温生产技术20世纪80年代初期起源于我国台湾，其母体技术是真空干燥技术。近年来真空低温脆片在国内外已发展成为新兴产业。采用该技术生产的处州白莲脆片具有含油率低、营养损失少、无添加剂、保质期长和食用方便等特点深受人们欢迎。

莲子脆现在不仅有原味还有甜味、咸味等以及待开发的不同口味产品，满足不同消费者的需求。

制作工艺

工艺流程：处州白莲→清洗→煮熟→冷却→冷冻→真空低温油炸→包装→成品。

操作要点：

1. 原料

选取无虫眼、无霉变、大小均一的通心处州干莲子，清洗干净后浸泡10h左右。

2. 煮熟

采用开水煮15min，煮好后用流动的自来水冲洗冷却。

3. 冷冻

冷却后的莲子置于−18℃以下进行冷冻，冷冻10h以上。

4. 真空低温油炸

在油炸前，先对真空油炸设备进行升温，当温度达到90℃时，将莲子投入油炸筐中，抽真空，压力达到−0.095MPa 后开始油炸。油炸至基本没有气泡时结束，油炸及时脱油，继续保持压力为−0.095MPa，在离心机转速为300r/min离心脱油3min，得到莲子脆。

5. 包装

脱油后的莲子脆冷却后用铝箔袋或者塑料盒包装，存放于干燥阴凉处，注意防潮，即为成品。

营养参考（每 100g）

能量（kJ）	1 935	碳水化合物（g）	61
蛋白质（g）	13	钠（mg）	220
脂肪（g）	17		

香菇脆

简介

香菇脆是目前一种新型、天然的绿色休闲食品，受到消费者的喜爱。丽水香菇脆以丽水庆元、龙泉、云和等地盛产的香菇为原料，采用真空低温脱水技术加工而成的一种休闲食品，具有含油率低、营养损失少、无添加剂、保质期长、携带方便、食用方便等特点。

产品特色及前景

真空低温脱水技术的基本原理是以热植物油作为媒介，利用在减压条件下，食品中水分汽化温度降低，能在短时间内迅速脱水，实现在低温条件下对食品的脱水。真空低温油炸脱水产品具有纯天然（保持原有色泽、风味和营养，且无化学添加剂）、低脂肪、低热量和高纤维素的特点，酥脆可口、风味各异。果蔬脆片在欧美等经济发达的国家和地区做西餐的配餐食品、休闲食品、营养食品的消费日益增加。丽水依赖于得天独厚的地理环境和气候优势，盛产优良品质的香菇，结合旅游业快速发展的新趋势以及农产品精深加工的发展要求，香菇脆不仅大大提高了香菇的利用价值，而且是一种很具特色的旅游地商品。随着我国经济生活水平的提高，民众崇尚健康食品，果蔬脆片作为寓营养于休闲的健康食品，市场将十分开阔。

制作工艺

工艺流程：整理清洗→（切片）→烫漂→冷却→浸渍漂洗→速冻→真空低温脱水→（调味）→冷却→包装→成品[注：（ ）中为可选项]。

操作要点：

1. 原料

香菇、食用植物油、麦芽糖浆、食用盐。

2. 整理清洗

挑选优质品质的香菇原料，用剪刀减去香菇柄。用清水清洗，除去杂质。

3. 切片

香菇脆片可以以整个香菇为原料，也可以将香菇切成薄片，切片时采用香菇切片机直接切片，一般一个香菇切4～5片。

4. 烫漂冷却

将香菇片放入沸水中漂烫2～4min，迅速放到冷却水中冷却。

5. 速冻

沥水后的香菇片放入一定浓度的麦芽糖溶液中浸渍，时间为2～4h，浸渍结束后捞出，置于清水中冲洗表面糖液。

6. 真空低温脱水

在-35～-18℃下进行，以30min左右完成品质好。冻结后食品的中心温度要达到-18～-15℃，速冻食品内水分形成无数针状小冰晶，避免在细胞间隙形成较大颗粒的冰晶体。

7. 调味

对真空油炸设备温度设定进行升温，当温度达到90℃时，将香菇片投入油炸筐中，抽真空，压力达到-0.095MPa 后开始油炸脱水。油炸至基本没有气泡时结束，时间一般为40～100min，油炸脱水结束后及时脱油，继续保持压力为-0.095MPa，在离心机转速为300r/min离心脱油3min。

8. 冷却包装

脱油后的香菇脆冷却后，即可用铝箔袋或者塑料盒包装，存放于干燥阴凉处，注意防潮。

营养参考（每 100g）

能量（kJ）	2 003	碳水化合物（g）	67.2
蛋白质（g）	6.9	钠（mg）	112
脂肪（g）	18.6		

油焖鲜笋

简介

笋是一种天然低脂、低热量、高纤维素的营养食品，也是肥胖者的减肥佳品。笋的食用方法很多，炖、煮、炒、拌无一不可，更可腌制咸笋或是晒成笋干，都是鲜美无比，素有“荤素百搭”之美称。其中油焖鲜笋更是一道春天不能错过的时令菜。每年一过立春，待春笋上市，油焖鲜笋就上桌了。

产品特色及前景

现代营养学研究表明，竹笋富含纤维素、多种维生素及铁、磷、镁等无机盐和有益健康的多种氨基酸；纤维素含量高，其在肠内可以减少人体对脂肪的吸收，增加肠蠕动，促进消化吸收，减少与高血脂有关疾病的发病率；并含有多种可以防癌的多糖物质，是一种理想的保健美容食品。丽水地区盛产竹笋，但是由于鲜笋保质期太短，制约了产业的发展。目前在丽水地区竹笋加工产业应运而生，且有近30年的加工历史，加工而成的油焖鲜笋香酥爽口，咸度适中，是早餐配稀饭之佳品。产品在浙江以及全国均有销售。

制作工艺

工艺流程：去笋壳→整理→清洗切分→漂烫→调味→包装杀菌→成品。

操作要点:

1. 原料

春笋、色拉油、盐、酱油、白砂糖、味精。

2. 去笋壳

选择土层深厚，当天挖出的新鲜春笋（挖掘时间越短越好），用锋利的小刀从笋尖纵破至笋根，然后剥去笋壳，注意不可纵破过深伤至笋肉。

3. 整理

剥除笋节上的笋衣，切除根基部过老、胚芽及腐烂等部分。

4. 清洗切分

用符合饮用标准的清水，把整理好的竹笋冲洗干净，然后对半切开，挖去笋节，将笋均匀的切成长5～6cm，宽2～3cm的小笋块（笋尖部分可稍宽，以免炸焦）。

5. 漂烫

将切分好的竹笋在沸水中烫漂30min左右，色泽黄亮时捞出，沥水。

6. 调味

根据不同地区和不同人群的口感进行调味，再加入少量的水用文火焖至水干为宜。

7. 包装杀菌

用铝箔蒸煮袋按重量分装，然后进行真空包装和高温杀菌。冷却后即可食用。

营养参考（每100g）

能量（kJ）	455.2	碳水化合物（g）	9.9
蛋白质（g）	3.0	钠（mg）	1 100.0
脂肪（g）	6.2		

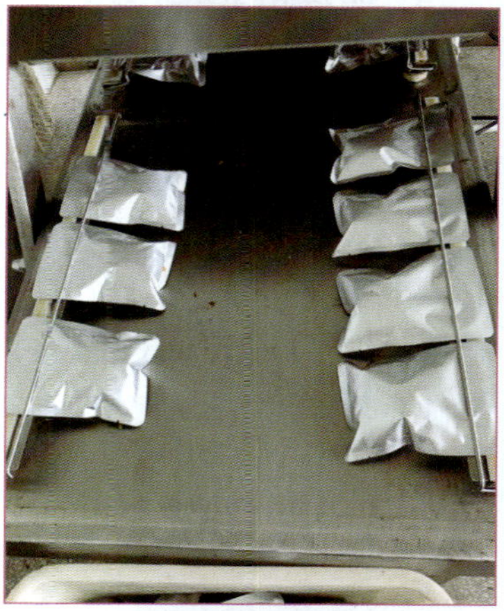

蛋酥

简介

一品蛋酥，是一道传统小吃，不添加任何食品添加剂，只为追求最原始的口感，丝丝蛋酥，甜蜜入口，以香、酥、脆、甜而深受食客的喜爱。蛋酥质地微脆，白芝麻星星点点，嵌入蛋酥中，金黄的饼底配合奶白的白芝麻颗粒，给细腻的蛋酥增加了美味的口感，松脆香浓，入口酥松，甜而不腻。

历史文化

一品蛋酥又名玉品蛋酥，此“玉”为张玉娘，因为这是张玉娘最喜爱的小糕点，在其与未婚夫沈佺相恋时就互送的小食，也是后来玉娘因为思念过世的未婚夫造成茶饭不思时唯一进食的东西。张玉娘，松阳籍人，生于宋淳祐十年（公元1250年），卒于南宋景炎元年（公元1277年），仅活到27周岁，自幼喜好文墨，尤其擅长诗词，当时人曾经将她比作东汉曹大家（班昭）。她著有《兰雪集》两卷，留存诗词100余首，其中词只有16首，有人称之为李清照《漱玉集》后第一词集。她与李清照、朱淑贞、吴淑姬并称“宋代四大女词人”。

产品特色及前景

蛋酥具有香、甜、酥、松的特点，是一种老少皆宜的零食小吃。在丽水地区蛋酥经常作为冷盘出现在婚宴以及其他的酒席上。在丽水莲都区已经有规模化的工业生产，在丽水以及其他地区均有销售。由于蛋酥属于一种油炸食品，所以该产品可以向低油化，更健康的方向发展。

制作工艺

工艺流程：清洗→打蛋→油炸→做型→包装→成品。

操作要点：

1. 原料

鸡蛋、白砂糖、白芝麻、色拉油。

2. 清洗

选择产自300d内母鸡下的新鲜鸡蛋，放入清洗池中清洗干净后，晾干。

3. 打蛋

将清洗后的鸡蛋通过打蛋机打入专门的容器中，加入适量的白砂糖，通过打蛋器将鸡蛋打均匀。

4. 油炸

油锅加热后，将蛋液经过滤网缓慢倒入锅内，油温不宜太高，否则容易把蛋液炸糊，下的速度要慢，防止热油溢出锅外。同时用勺子不断搅拌锅内蛋液，使其成为丝状，待蛋酥颜色达到深金黄色时，捞出，放入脱油机脱油。

5. 做型

将脱油后的蛋酥用筷子抖散，均匀分布在模具上，将白芝麻均匀的分散在蛋酥表面，用成型机压2～3min后切出大小均匀的蛋酥。

6. 包装

将切好的蛋酥放入消毒过的拖盒及包膜袋中，称重，封口，即为成品。

营养参考（每 100g）

能量（kJ）	2 197.8	碳水化合物（g）	30.5
蛋白质（g）	19.8	钠（mg）	165.0
脂肪（g）	36.5		

眉毛酥

简介

眉毛酥，是丽水一道传统的特色面点，饼皮由面粉制作，馅料采用纯黑的芝麻，即使是封了口的眉毛酥也能透出浓郁的芝麻香，因其外形像眉毛而得名，层次分明，口感油润酥脆，甜而不腻。眉毛酥属于丽水市莲都区碧湖镇的特产，碧湖人嫁女儿宴席上的必备餐点。

产品特色及前景

眉毛酥面皮和水饺一样用面粉制作而成，外形也相似，不同之处在于它没有水饺那样的绳状花纹，而是在封口的地方添上了一条柳叶边，这也是制作眉毛酥最花工夫的地方。眉毛酥外形像眉毛，馅料又是纯黑的芝麻，因此可能取名叫眉毛酥，很是形象。在碧湖的婚宴上眉毛酥是老少皆宜的一道面点。现在眉毛酥在丽水地区很多糕点店均有售卖，独特的外形，浓郁的芝麻香以及酥脆的口感都让人忍不住要品尝一两个。眉毛酥可以向其他的酥饼糕点一样做到规模化的生产和销售。

制作工艺

工艺流程：和面→做饼皮→做馅→裹馅做型→熟制→成品。

操作要点：

1. 原料

面粉、芝麻、白砂糖、色拉油、鸡蛋、水。

2. 和面

面粉中加入适量鸡蛋液和水，加入鸡蛋液是为

了油炸后外皮酥松可口，搅拌、混匀、揉面至面团光洁。放置一段时间待面团醒发，待用。

3. 做饼皮

将醒好后的面团用擀面杖擀至厚薄均匀的面皮，厚2～3mm。然后用圆口模具压住面皮，用锥子或类似的工具按模具外形划拉出皮即可，类似市场买的饺子皮一样厚薄平均的小面皮就成型了。

4. 做馅

将芝麻洗净后，入炒锅炒制，加入适量白砂糖和色拉油，甜度随个人喜好。炒熟后备用。

5. 裹馅做型

将圆形饼皮中，包入芝麻馅料，捏紧封口。将半圆形封口，按一个方向，捏出绳状花纹。

6. 熟制

油加热至大概80℃，把眉毛酥生胚放入油锅炸制，炸到变硬且微微发黄捞出控油，即可食用。

营养参考（每100g）

能量（kJ）	909.57	维生素 B_1（mg）	0.10	视黄醇当量(μg)	12.92
蛋白质（g）	4.36	维生素 B_2（mg）	0.05	钠（mg）	9.90
脂肪（g）	11.19	尼克酸 VPP(mg)	0.64	钙（mg）	14.57
碳水化合物(g)	24.90	维生素 E（mg）	3.12	铁（mg）	1.42
膳食纤维（g）	0.66				

松花粉清明果

简介

清明果俗称清明团子，是中国南方地区每年清明节必吃的一道点心。丽水莲都区的清明果，又称“蓬点心”，尤其是松花粉清明果，更是莲都所特有的。松花粉清明果果皮由艾草或鼠曲草与米粉按一定比例混合制成，馅料则由松花粉制成，入口甜而不腻，丝滑绵长，以其独有的口味吸引着食客们的青睐。

历史文化

清明节又称寒食节，已有2 500多年的历史。清明节是古人为纪念故去亲人而确定的节日，习俗颇多，有的习俗还延续至今，例如，江浙一带在清明节时期食用清明果。从清明果的记载上看，其起源可以追溯到南朝梁代。同时也说明其实清明团子最早应该是寒食节的冷食食品，是寒食节的食俗。因为清明节气之始，万物开始从寒冬中复苏、生长，周围一片绿色的生机之感，所以古人取材极有可能也是最为普通、且能被用来食用的青色植物，而艾草、鼠曲草等清明果的原料加其他青色植物而言，药用价值比较高，因此，人们才选它们作为清明果的原料[1]。

丽水莲都区的松花粉清明果的历史悠久，一辈辈传下来的传统工艺，几乎全莲都的阿婆都会制作。

产品特色及前景

《本草纲目》中记载：“土人采茎叶（鼠曲草）和米粉，捣作粑果食 。”清明果的果皮一般是用艾草或者鼠曲草制作，两者均具有药用价值。

鼠曲草（*Gnaphalium affine* D. Don），又名佛耳草、鼠耳草、清明菜和菠菠草等，菊科鼠曲草属。一年生草本，鼠曲草茎叶入药，为镇咳、祛痰、治气喘和支气管炎以及非传染性溃疡、创伤之寻常用药，内服还有降血压疗效[2]。

艾草（*Artemisia argyi* H. Lév. & Vaniot），又名：冰台、遏草、香艾、蕲艾、艾蒿、灸草等，菊科艾属。多年生草本，性味苦、辛、温，入脾、肝、肾。《本草纲目》记载：艾以叶入药，性温、味苦、无毒、纯阳之性、通十二经、具回阳、理气血、逐湿寒、止血安胎等功效，亦常用于针灸。

松花粉是马尾松（*Pinus massoniana* Lamb.）和油松（*Pinus tabuliformis* Carrière）的雄性生殖细胞。目前可供松花粉利用的松树并不多，在全球上百种松树花粉中，只有我国的马尾松花粉和油松花粉可以食用,其中马尾松的花粉年产量占松花粉总量的90%以上。马尾松是数量充裕、质量特优的花粉生产树种，是食疗保健产品的优质原料。松花粉具有降高血脂、预防高血糖和糖尿病、延缓衰老、保护肝损伤、心血管养护、预防前列腺增生等作用[3]。

清明果在中国南方很常见，每年清明节前后家家户户都会做清明果以祭祖，各个地区的清明果形状、馅料、口味均有一定的差异，在丽水地区的各个区县制作的清明果都不同。这其中最有特点的当属莲都区的松花粉清明果。松花粉清明果未来可以进行模化生产，可以效仿五芳斋粽子的营销模式做出具有丽水特色的清明果。

制作工艺

工艺流程：米团制备→馅料制备→果皮制备→裹馅成型→蒸制→摊凉→成品。

操作要点：

1. 原料

粳米粉、糯米粉、水、艾草、冰糖、松花粉、色拉油。

2. 米团制备

将艾草清洗干净，沸水漂烫、沥干水分。

粳米粉和糯米粉按1：0.3的比例，混合在一起，搅拌均匀，加入水拌揉至面团均匀成团；做成圆饼状，入沸水锅中煮沸，捞出，趁热与煮好的艾草叶混在一起，不断揉面团，至艾草叶与面团完全混合均匀。

3. 馅料制备

松花粉加水调成糊状，隔水蒸至颜色转为亮黄色即可。冰糖按松花粉和冰糖1∶0.4的比例，加水化开，将蒸熟的松花粉和冰糖水一起搅拌，边搅边加入少量色拉油，搅拌到粘稠状搅动费力为好。加入色拉油主要是为了改善口感。

4. 果皮制备

将制作好的米团用擀面杖擀至厚薄均匀的面皮，厚2～3mm。然后用圆口模具压住面皮，用工具按模具外形划出一个个圆形，类似市场买的饺子皮一样厚薄平均的小面皮就成型了。

5. 裹馅

纯手工包馅，边上捏出类似麦穗状的花纹。

6. 蒸制

放入蒸笼，水沸后蒸10～15min即可。

7. 摊凉

蒸熟后的清明果出锅后晒凉，以防止粘连在一起，即可食用。

营养参考（每 100g 松花粉）[3,4]

蛋白质（g）	25~35	β-胡萝卜素（mg）	26.0	磷（mg）	3 609.1
脂肪（g）	5~10	维生素 B_1（mg）	0.7~0.9	钾（mg）	3 118.8
胆碱（mg）	202.7~267.8	维生素 B_2（mg）	0.9~1.2	铁（mg）	129.9
维生素 C（mg）	97.0	维生素 B_6（mg）	22.0	钠（mg）	516.8
尼克酸（mg）	26.1	硒（mg）	0.1	钙（mg）	481.0

参考文献

[1] 黄艳笑 . 浙地区清明节习俗之清明果起源分析 [J]. 金田，2014（2）.

[2] 鼠曲草 . 百度百科 [DB/OL]. https://baike.baidu.com/item/ 鼠曲草 /603795?fr=aladdin.

[3] 陈希根 . 松花粉的开发利用 [J]. 食品科学，1995，16（sp）：24–27.

[4] 陈永清 . 松花粉的营养与利用 [J]. 扬州大学烹饪学报，2009，26（1）：38–41.

豇豆干

简介

豇豆[*Vigna unguiculata* （Linn.）Walp]，俗称角豆、姜豆、带豆、挂豆角，属豆科一年生植物。在丽水的碧湖平原大量种植长豇豆，利用盛产时出产的鲜豇豆，当地的农民将其晒制成豇豆干这样一种干菜，既解决了鲜豇豆不易保存的问题，又给当地人带来了很好的经济收益。

产品特色及前景

豇豆性平、味甘咸，具有理中益气、健胃补肾、和五脏、调颜养身、生精髓、止消渴、吐逆泄痢、解毒的功效。干豆角含有大量的植物纤维，还有润肠通便的效果。豇豆适宜平和体质，特禀体质，阳虚体质，瘀血体质，气滞便结者应慎食豇豆。

在豇豆收获季节，大量的鲜豇豆涌向莲都区碧湖镇蔬菜批发市场，形成产大与销的局面，这就给晒制豇豆干带来无限商机。大量产品销往北京、河南、南京、杭州等各大城市的酒店，成为酒店火锅、焖炖、蒸煮菜品系列里的美味食材，深受市场的欢迎。晒豇豆干产业，不仅为我们增添美味食材，缓解了鲜豇豆盛产时的销售压力，也提升了豇豆产品的经济效益，促进产业发展，农民增收。

制作工艺

工艺流程：采摘→清洗漂烫→冷却→干燥→回软→成品。

操作要点[1]：

1. 原料

长豇豆。

2. 采摘

加工豇豆干要选择当天采收、色浅绿、荚长、直、匀称、不发白变软、种子未显露的鲜嫩豆荚。去除病虫害、过老过嫩及异色鲜荚。加工时要求同批加工豇豆颜色相同，长短均匀，成熟度一致，摊开堆放，以免发热、发黄影响品质。做到当天采收，当天加工。

3. 清洗漂烫

采摘后的长豇豆清洗去除泥沙等杂质。锅中加水烧开，将豇豆倒入沸水中，翻动数次，让其受热均匀，漂烫处理一般掌握3 ~ 5min，以豇豆熟而不烂为准，如烫的时间太短，豆荚烘干后颜色变黑，烫的时间过长，豆荚变得黏糊。

4. 冷却

将热烫后的豇豆迅速在竹筛上摊开，趁体软时理直。有条件的地方可水平方向吹冷风，加快冷却。

5. 干燥

将冷却后的豇豆连竹筛迅速放入烘灶，温度控制在90 ~ 98℃，时间为40 ~ 50min。将第一次烘干后的豆荚，二筛并一筛，烘干厚度为每平方米竹筛放13kg豆荚，温度控制在90 ~ 98℃，时间为30min。厚度与第2步相同，温度控制在70 ~ 80℃，直到烘干为止，时间一般为3 ~ 4h。每个步骤烘干间隔期为1 ~ 2h，烘干过程中火力要均匀，并将上、下、前、后调换竹筛，使其受热均匀，干燥度一致。

6. 回软

将烘干的豇豆干冷却后，堆成堆，用薄膜覆盖，使其回软，达到各部分含水量均衡，时间一般3 ~ 5d。在晒的时候尽量把豇豆晒干一些,甚至晒到很脆的感觉,在收回来后需要略放置一会让其回潮,回潮后也就能弯曲缠起来打捆了。

7. 食用

豇豆干用热水泡一下或者用水直接煮软后再

切成段来炒。

营养参考（每 100g）[2]

能量（kJ）	1 404.5	膳食纤维（g）	7.1	钠（mg）	6.8
蛋白质（g）	19.3	维生素 E（mg）	8.6	钙（mg）	40.0
脂肪（g）	1.2	尼克酸 VPP（mg）	0.2	钾（mg）	737.0
碳水化合物（g）	58.5	胡萝卜素（μg）	60.0	磷（mg）	344.0

参考文献

[1] 李林，陈爱红 . 豇豆干品的简易加工技术 [J]. 蔬菜，2001（12）：21-21.
[2] 薄荷食物库 / 蔬果和菌藻 / 豇豆（干）[DB/OL].http://www.boohee.com/shiwu/jiangdou.

椪 柑

简介

椪柑（*Citrus reticulata* Blanco cv. Ponkan）又名芦柑，皮薄易剥，色泽鲜美，果肉橙红色，汁多、组织紧密、浓甜脆嫩，化渣爽口、籽少，且有药用功效。椪柑适应性广，丰产稳产，优系多，是目前我国发展的品种。

椪柑产自空气清新、水源洁净的丽水丘陵山地，光照足、温差大、养分积累多，所产果实色泽鲜艳，橙黄美观，果大均匀，果形端正，扁圆或高扁圆形，单果重145～170g，果顶广洼，果蒂周平广或隆起、易剥皮、果实汁多、味甜脆嫩、富有香气，核少化渣、风味浓郁，可溶性固形物12%～14%，品质极佳，耐贮存。

历史文化

椪柑原产我国，栽培历史悠久。据福建龙海县史记述，“唐大中年间（公元9世纪），九湖七首岩第九代主持中理禅师，常用八泉水浇灌一株橘树，结出果大、皮粗、色橙、汁甜、味香，果帝微凹，有6～8条放射纹，形如卦”。传述的性状与目前主栽椪柑中的硬芦品系的性状相符。又据明朝末年，凌登名撰《榕城随笔》载有“闽南产柑橘，其种不一，而颗皆硕大，芦柑为最，红橘次之。芦柑色稍黄，红橘则正赤，皆佳种也。三衢所产似也当稍让”。

产品特色及前景

椪柑果实可食部分可达68%～75%，可溶性固形物含量12%～15%，且含有丰富的维生素和矿物质：维生素C、维生素P、胡萝卜素、玉米黄素等，是养生、保健的珍果。椪柑含有的维生素C与柠檬酸，前者可以美容，后者可起到消除疲劳的作用。经常

吃能够降低人体中的胆固醇含量，排泄残留体内的有害物质，可促进人们的身体健康。

橘皮：因入药以陈为好，故名陈皮，是一味著名的中药。

果肉：含有维持人体健康必不可少的营养成分，是一种具有良好保健作用的水果。

橘络：性味苦甘。入肝、肺经，含维生素P，能防治高血压症，对老年人非常有益，具有理气、化痰、通络、通经的作用，常用于治疗气滞经络、咳嗽胸肋痛、痰中带血等症。

橘核：性味苦甘，入肝、肾经。具有理气、止痛、散结等功效，常用于治疗疝气，腰痛、乳腺炎、乳痛初起等症。

橘叶：味苦性平。入肝经，具有疏肝、行气、消肿散结的功效，适用于勒痛、疝气、乳痛、乳房结块。

种子4～5粒多至20粒，多胚，绿或淡绿。11月中旬至12月成熟。浙江丽水市莲都区是浙江省获农产品奖项最多的县（市、区），为全国水果百强县，浙江省唯一的“部优”椪柑，1995年获“中国农业博览会”金奖，1996年获韩国第二届博览会金奖，浙江省优质水果评比一等奖。丽水在1995年，被国务院命名为“中国椪柑之乡”。1999年获中国国际博览会金奖“名牌产品”称号。2002年成为全省第一批获得“浙江绿色农产品”称号的绿色农产品[1]。

椪柑的优良品质得益于丽水优良的环境和独特的地理优势。目前椪柑在国内各地均有销售，独特的口感深受消费者喜爱。椪柑产业此后可以走生态精品农产品的道路，打造成丽水生态椪柑品牌。

参考文献

[1] 椪柑 . 百度百科 [DB/OL]. https://baike.baidu.com/item/ 椪柑 /7226407?f=aladdin.

油炸知了

简介

知了，蝉（Cicadidae），是昆虫纲半翅目颈喙亚目的其中一科，是一种对树木，尤其是对果树有害的昆虫。知了属于高蛋白低脂肪的一类昆虫，可红烧、煎炸食用，味道鲜美，每年夏天的6—9月，丽水人桌上都必不可少油炸知了这道美食。

产品特色及前景

蝉其皮曰蝉蜕，富含甲壳素、异黄质蝶呤、赤蝶呤、腺苷三磷酸酶，常用于治疗外感风热，咳嗽音哑。咽喉肿痛。风疹瘙痒、目赤目翳、破伤风、小儿惊痫、夜哭不止等症，据《中国药材学》记载，还有益精壮阳、止咳生津、保肺益肾、抗菌降压、治秃抑病等作用。知了性寒、味香，具有散风宣肺、解热定惊等功能。蝉体含营养物质丰富，干基蛋白含量在70%以上，脂肪约7%，维生素及各种有益微量元素均高于一般肉类食品，可称其为当今食品中的蛋白王[1]。

昆虫进入食科已经有两千多年的历史，古籍《礼记》中记载了包括蝉在内的31种可入食科的昆虫。目前在我国山东、广州、云南以及浙江丽水一带，有食用知了的习惯。浙江丽水食用知了由来已久，以前农村里大家是自己捉来炸着吃或烤着吃，由于其味道鲜香，口感酥脆，受到越来越多的人喜欢，从20世纪80年代末开始，知了出现在了丽水酒店的菜单上。据估计，丽水人一个夏天能吃掉近亿只知了，知了市场已经供不应求，十分火爆。丽水本地知了来不及供应，目前已经形成了知了产业供销链。

制作工艺

工艺流程：知了前处理→爆炒→成品。

操作要点：

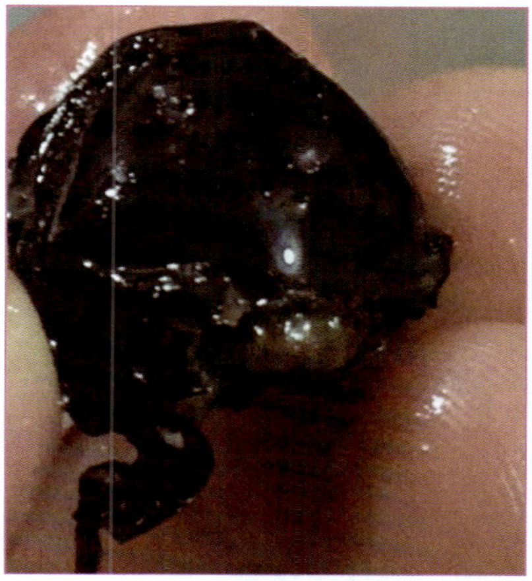

1. 原料

知了、青椒、红椒、蒜、色拉油、盐、酱油。

2. 知了前处理

将鲜活的知了摘去翅膀和头尾两部，放入盐水中清洗并浸泡15～20min，捞出晾干后备用。

3. 爆炒

锅中放油烧至7成熟，放蒜爆香后放入知了翻炒，再放入青椒、红椒、盐继续翻炒至知了松脆，烧熟烧透后，即可食用。

营养参考（每100g）

能量（kJ）	619.9	碳水化合物（g）	5.5
蛋白质（g）	13.0	钠（mg）	360.0
脂肪（g）	10.0		

参考文献

[1] 知了.百度百科.https://baike.baidu.com/item/蝉/1957?fr=aladdin&fromid=2911618&fromtitle=知了#10.

稀卤鱿鱼

简介

在丽水莲都地区，“稀卤鱿鱼”可谓家喻户晓，经过了历史的悠久沉淀，成为一道名菜。无论是宴席还是待客，这道菜都是必不可少的。稀卤鱿鱼原料包括鱿鱼、肉末、香菇、荸荠等，海鲜、肉类、菌类、蔬菜、水果荸荠的搭配，形成了卤汁稠浓、滋味醇和、营养丰富的一道名菜。

历史文化

说起这道菜肴，历史悠久，“稀卤鱿鱼”的前身是“稀卤螟脯”（“螟脯”是丽水方言，指墨鱼干）。北宋末年，缙云农民在陈希卢率领下响应起义。宣和三年（公元1121年），陈希卢义军猛攻处州，城内农民开城响应，沉重打击了封建政权，动摇了宋王朝的统治。后来处州人烹制了一道“稀卤螟脯”来纪念陈希卢“为民清、为民富”的起义。“稀卤螟脯”谐音双关“希卢”和“民富”。

1964年，陈国良将稀卤鱿鱼经过改造加工，稀卤鱿鱼这道菜被列入了“中国菜谱”系列丛书中，成为丽水历史最为悠久的名菜之一。因为这道菜做工简单，很符合丽水人的口味，一直深受百姓的喜爱。

产品特色及前景

稀卤鱿鱼原料中必不可少的是鱿鱼和荸荠（马蹄），海鲜和水果搭配的汤菜，另有一番风味，其卤汁稠浓、滋味醇和、营养丰富，重要的是烹饪难度不大，因此非常适合用来招待客人。经过多年的菜品改良，丽水稀卤鱿鱼已经遍及丽水各大酒店，是各种婚宴酒席等必备菜品。

制作工艺

工艺流程：原料处理→煸炒→加水蒸煮→成品。

操作要点：

1. 原料

鱿鱼、猪肉、胡萝卜、香菇、荸荠、虾米、鸡蛋、香菜、姜、淀粉、色拉油、老抽、水。

2. 鱿鱼处理

新鲜的鱿鱼清洗去黑皮，切成块状，开水漂烫30s左右，有卷曲状时捞出，避免变老，去除鱿鱼表面的异味，如果是鱿鱼干，直接泡发后切丁即可。

3. 辅料处理

香菇泡发、切丁，猪肉、胡萝卜、荸荠也分别切丁待用，鸡蛋打好备用。

4. 煸炒

锅中烧热油，将切好的鱿鱼、香菇、胡萝卜、虾米及肉末放到锅里先小炒一下，再加入荸荠炒至八分熟。

5. 加水蒸煮

炒好后向锅中加水，水开后，放入打好的鸡蛋，蛋花开后，加入老抽、淀粉，勾芡起锅。最后，撒入香菜，喜欢吃胡椒的人，还可以撒上一点胡椒粉调味。

营养参考（每100g）

能量（kJ）	448.51	维生素 B_1（mg）	0.15	视黄醇当量（μg）	63.29
蛋白质（g）	14.16	维生素 B_2（mg）	0.08	钠（mg）	663.16
脂肪（g）	3.58	尼克酸 VPP（mg）	1.52	钙（mg）	39.18
碳水化合物（g）	4.61	维生素 E（mg）	2.29	铁（mg）	1.72
膳食纤维（g）	0.39	维生素 C（mg）	1.58		

泡精肉

简介

泡精肉是丽水的一道传统名菜，在丽水地区十分流行。猪肉加干粉炸制而成的泡精肉，早年在酒宴上是必不可少的菜肴。丽水话的“泡”就是“炸”，泡精肉就是炸瘦肉条，它还有一个艺名——“二师兄黄金肉酥”，此菜外香脆、内鲜嫩，受到消费者一致好评，是地地道道的处州大地上的特产。

产品特色及前景

泡精肉这种菜品之前只有家境比较富有的人才能常吃，现在人们的生活水平提高之后，泡精肉作为丽水的特色菜，几乎每家都会做，成为丽水人宴请宾客的特色菜品之一。如今各大酒店也均有此菜，大多作为冷盘上席，丽水市内的各个卤菜店也都有售，有的甚至开了网店，产品销往外地。

制作工艺

工艺流程：清洗切条→腌制→油炸→成品。

操作要点：

1. 原料

鲜肉、食用盐、白糖、鸡精、味精、酱油、鸡蛋、淀粉、面粉、色拉油、水。

2. 清洗切条

选择新鲜优质的猪瘦肉为原料，清洗干净，切成条状，备用。

3. 腌制

将鲜肉条和适量的食用盐、白糖、鸡精、酱油、鸡蛋、淀粉、面粉、料酒混合，搅拌均匀，腌制20min左右。

4. 油炸

锅中放油，油热后将腌制好的鲜肉条放入，油炸35s。

5. 冷却

出锅后的泡精肉冷却，即可食用。

营养参考（每100g）[1]

能量（kJ）	1 473.87	碳水化合物（g）	5.71
蛋白质（g）	10.93	纤维素（g）	0.01
脂肪（g）	31.79		

参考文献

[1] 薄荷食物库 / 私家菜 / 软炸瘦肉 [DB/OL]. http://www.boohee.com/shiwu/ruanzhashourou

缙云

特色食品

缙云烧饼

简介

缙云烧饼，也称“桶饼”，面点饼类，以本地产菜干加猪肉作馅，发酵面团包裹整形，饼面刷糖油，贴于专用饼桶炭炉壁上高温烙烤而成，焦糖香、麦香、肉香和干菜香混合香味诱人，饼皮焦黄油亮，外脆内软，肥肉化油瘦肉鲜美，油而不腻，鲜香满口，佐以独特风味的本地菜干，滋味极为美妙，回味无穷。烧饼是缙云县有名的传统小吃，有着悠久的历史，1989年被评为“浙江省优质点心”，2008年“缙云烧饼制作工艺”被列入丽水市非物质文化遗产名录，2014年获得省餐饮协会授予的“浙江名小吃”称号，2015年被中国烹饪协会评为“中华名小吃”。

缙云烧饼的口味独特，浓香味鲜，口感丰富，此味如无专业技艺和工具谁人都无法复制，所谓正宗的缙云烧饼必须出自缙云老手之手，令人回味无穷。缙云人自小吃着烧饼长大，那种熟悉的味道永远无法忘却。无论身在何处，烧饼情愫都紧紧相随，在外缙云人回到缙云必定要吃一个烧饼解馋方解乡愁，烧饼是缙云人心底的美味，那不单单是一个饼，更是家乡的味道。

历史文化

“炉传三百世，饼香五千年。”缙云烧饼自古流传，历史悠久。传轩辕皇帝在缙云仙都的石笋上，用大铁鼎炼制仙丹。炼制成后与食丹的妃子、臣子跨龙升天成仙。而没有食用仙丹的臣子则纷纷效仿，铸铁鼎炼制仙丹。仙都石笋下的村民见之，纷纷纳闷“为何食铁鼎中之物，而升天成仙？”有的也想效仿，但由于无钱铸鼎而告终。一日村民悟出了其中的道理，对大家说：“食铁鼎中之物，而升天成仙，我们无钱铸鼎也成不了仙，但我们可以做土鼎，食土鼎烧出之物，以求长生不老，消灾避邪。”于是大家纷纷动手制作土鼎，上山采药炼制仙丹。某日一村妇在家中烙饼，见其儿子刚炼制好丹药，发现土鼎内还有炭火且内壁光滑，就顺手将饼贴与鼎壁，烤之。慢慢的家中充满了烤熟之饼的香味，而溢出房子，引来了其他好奇村民，大家食后发现烤出之饼比锅中烙出的饼酥香、生糯[1]。时而久之，炼丹药的土鼎便成了做饼的专用工具，做的饼被称为烧饼。

据查，缙云烧饼至少已有650年的历史，不仅历史悠久，而且文化底蕴深厚，缙云烧饼蕴含着许多故事。据说朱元璋当年征战缙云，吃过缙云烧饼，念念不忘；后来做了皇帝，还派人到缙云，把当年的师傅接到宫中，专做烧饼给他吃。缙云籍作家吴越先生著的《括苍山恩仇记》被人们誉为近代浙西南民风民俗的活辞典，在他这部洋洋洒洒的两百万字作品中涉笔缙云烧饼的达30余次，把缙云各式各样人物喜欢品味缙云烧饼的风土人情以文学作品的形式展现给了世人。

产品特色及前景

缙云烧饼的美味全在于“土”。缙云属浙南山区小县，自古民风淳朴，物产丰饶；烧饼师傅大多半饼半农；烤烧饼的原料，多为自给自足，多是本地物产。缙云烧饼工艺独特，配料必选本地产菜干，烤饼桶亦为专用，是特定“烧饼桶”，甚至烤饼用炭也必须使用专用白炭，饼身双面高温烙烤，彰显其独特稀有。至于做饼的艺人也绝非一朝一夕能学会，传统手艺人多是跟随师傅多年，初时打打下手，切切肉点点炉，许久后才能摸个面团烙个饼，长久跟随才能发面制面，经年方能出师。所以缙云烧饼作为一种独特的技艺流传，食用者食之心满意足，制饼者也因此赚个满盆满钵。

缙云烧饼产业一直是缙云县农村传统产业之一。自古以来有农闲时节外出做饼的习俗。自2014年开始，缙云县大力发展缙云烧饼产业，缙云烧饼迅速走红，营业额突飞猛进，2016年产值破10亿元大关，从业人员达到一万多人。产品分布在全国20多个省、市、区，并走出国门，入驻加拿大、澳大利亚、意大利、西班牙等国家。缙云烧饼产业的发展还有力带动了缙云菜干、饼桶制造业、制炭产业的发展，有效促进面点专业人才的培养。“缙云烧饼”产业已成为缙云促进农民增收致富的“十大举措”之一，通过缙云烧饼品牌建设，运用现代产业经营模式来培育发展缙云烧饼产业，着力打造缙云县农民增收的“新引擎”。近年，随着缙云烧饼品牌知名度和影响力的提升，市场推广迅速，发展势头迅猛。从市场推广渠道看，高速公路服务区推广势头强劲，大学食堂、大学城以及机关政府食堂等推广势头也很迅速，市场前景广阔。

制作工艺

工艺流程：制作面娘（老面）→做面团→发酵→制备馅料→做饼皮→包馅→刷糖油→贴壁烙烤→起饼出炉→成品。

操作要点：

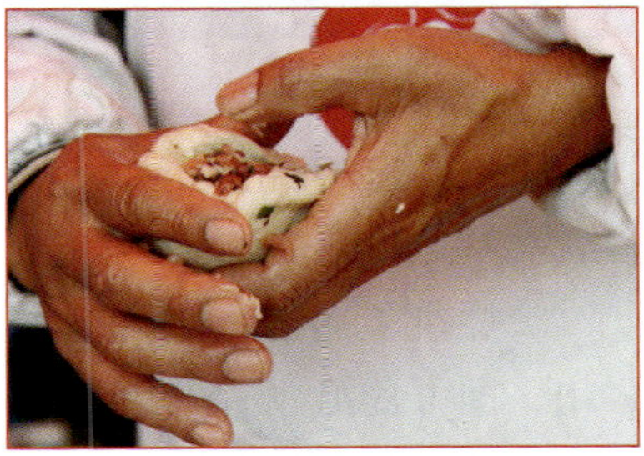

1. 原料

面粉、夹心肉、梅干菜、面娘（已经发酵的面粉）、糖油（麦芽糖加水，少量蔗糖、食用植物油煮）、芝麻、盐、味精。

2. 做面团

清水缓慢加入面粉中，搅拌，揉搓，加入面娘，充分揉成光滑的面团。标准面加水量为30% ~ 40%，另加面娘（老面）20%作为发酵剂，冬天用温热的水，夏天用凉水。现做用热汤延时用凉水。发酵好的面团留取部分即为面娘（老面）。

3. 发酵

揉好的面团置于适宜的环境中发酵，至面团明显膨大，切面呈蜂窝型多孔状。发酵时间根据气温不同为4 ~ 6h。

4. 制备馅料

新鲜猪肉切0.5cm见方的肉丁，加菜干、盐、味精等，根据菜干咸度用精盐调味，搅拌均匀成馅。一般推荐肥瘦肉比7：3，可根据消费习惯调整馅料比例，但菜干、猪肉不可缺少。

5. 做饼皮

取发酵好的面团，压面排气，加少许小苏打去酸，反复压揉至面团成为光洁不粘手切面几乎无气泡状态。搓揉均匀成直径为6 ~ 7cm的圆条状，压成中间厚、边缘薄的面坯。

6. 包馅

按需摘取面团，包入适量馅，收口捏拢，按扁，擀成厚薄均匀的圆饼坯。

7. 刷糖油

依次在饼坯正面刷上糖油并撒上芝麻。

8. 贴壁烙烤

饼桶预先加热，至芯壁温度达到270℃左右（用少量面团擦到炉壁，立即发黄）。双手蘸冷水，粘湿饼坯背面，单手托饼坯迅速将背面贴实炉壁，用炭火继续加温3 ~ 4min，观察饼面出现金黄色，香味

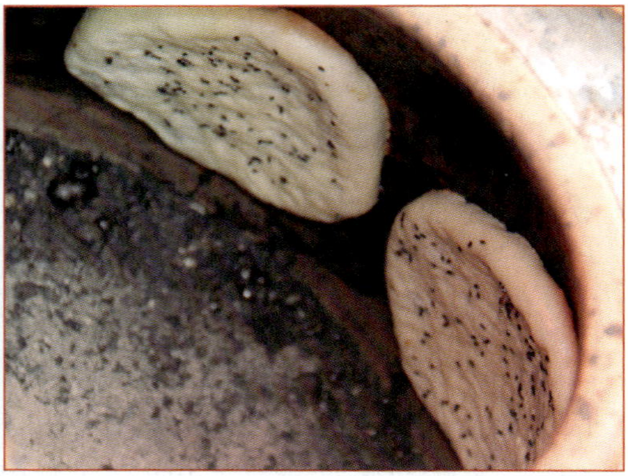

溢出时，表明饼已烤熟。

9. 起饼出炉

烧饼专用铁钳贴到已烤熟的烧饼背面底轻轻地一铲，及时衔拢夹紧，迅速取出，即可食用。

营养参考（每 100g）

能量（kJ）	1 336	碳水化合物（g）	38.3
蛋白质（g）	11.1	钠（mg）	388
脂肪（g）	13.4		

参考文献

[1] 缙云烧饼的介绍及其面食文化来源 . 中华面食网 [DB/OL],http://www.cnmsw.net/mianshiwenhua/ 1/3038.html.

土面

简介

土面，缙云当地又称爽面、索面，也有按音节称为素面。缙云土面以本地产小麦粉为原料，经多道复杂的手工制作，为含盐微发酵圆柱形细面，分干态与半干态两种。2008年缙云土面制作技艺已被列为丽水市级非遗。土面较普通挂面烹饪时间短，具有明显的麦香“面味”浓郁，口感细腻软滑柔韧易消化，烹饪后面不糊汤等特点。土面是缙云人非常喜爱的传统面食，土特名产，制作流程包括和面、多次发酵、条坯上筷、拉条、晾晒和包装等步骤。烹饪方法也与其他面条有所不同。《缙云县志》中写到：“拜年上门，先喝茶，吃糖果，随后吃索面卵。”这里的索面卵，说的就是缙云土索面加鸡蛋了，土面已经深深地溶入缙云人民的生活中。缙云各乡各村都制作土面，逢年过节，走亲访友，进门主人就盛一大碗土面加蛋来招待客人，都想讨个长寿吉利、好运顺爽的彩头。冬季制备大量的土面，备作平时的主食，也是缙云人饮食风俗中的重要内容。

区别于普通挂面，土面在加工中需加盐揉面，盐的加入和充分的揉搓使面粉中的面筋充分形成结实的网状结构，使其更细密，更有弹性，并且容易扩展，使土面能被更大程度的拉长，形成均匀幼细的面身，麦香味被激发，所以土面麦味更为浓郁，面身在烧煮过程不易糊，面身柔韧，汤头清爽。在加工过程中面团多次醒发，面团微微发酵，面身细幼但含有若干细微的气孔，使土面更易熟而且口感滑软，更容易被消化吸收。因此，缙云人常将土面作为婴幼儿添加辅食的首选，也是年长者或消化功能弱的病人饮食里的主要角色。

历史文化

土面与缙云烧饼一样有着悠久历史和深厚的文化底蕴。相传是轩辕黄帝当年在缙云山鼎湖峰架炉炼丹时，身边的臣子见其专注用心恐其身体疲惫，找来土麦面粉，揉软揉韧拉成长长的面线，用清泉煮面呈予黄帝，果然大受黄帝喜爱，并与大臣们同享。后轩辕黄帝驭龙升天后，当地百姓就模仿做起了“面线”，称之为“索面”。

黄帝吃面固然只是传说，但土面的历史确实悠久，可追溯到唐代之前，到唐代土面的生产技术已经非常成熟，并流传到日本。日本现在的素面产品外观、工艺与现在缙云的土面基本无差。宋代诗人黄庭坚在《过山寨诗》中形容土面，“汤饼一杯银丝乱，牵丝如缕王箸惜”。可见当时土面已经流传甚广了。

产品特色及前景

土面是缙云的传统产业之一，许多农户都在冬日农闲时节加工土面，部分作为自用，部分送到市场上交易。缙云土面与缙云人的生活紧密联系，已经成为缙云人生活或者记忆中的一部分，并在缙云的民俗史上留下了属于自己的特殊印记。《缙云县志》中有专门关于土面与缙云民俗的记载：“拜年上门，先喝茶，吃糖果，随后吃索面卵。旧俗碗底垫肉不得吃，意谓‘有剩余’。”“卵”即是指缙云话中鸡蛋之意。逢生日或过年、或有重要的客人来家时烧一碗鸡蛋烧索面，是缙云人至今还留存的重要习俗。历经沧海桑田的变迁和岁月的冲刷，缙云土索面，这种朴素的地方特色食品，直至今天，依然活跃在老百姓的生活中，且越来越受到更多人的喜爱。

近年来，随着旅游市场的发展以及政府的推进，缙云土面产业发展迅速，成立了多个土面加工合作社，注册了产品商标，并制定了生产执行标准和产品质量标准，实现较好的规范化、规模化生产，产品进入到上海、杭州、宁波等大中城市，并通过互联网进行网上销售，产量增长较快。

日本挂面鼻祖、百年历史老店“玉井制面所”出品的经典产品“三轮素面”，其产品外观、生产工艺与缙云土面一般无二，180束，9kg，但海淘售价为1 350元。日本对素面产品的开发与市场掌控能力非常值得我们学习。

制作工艺

工艺流程：和面→醒面→压扁割坯→搓条→盘条醒面→条坯上筷→醒发松弛→拉条→醒发松弛→拉条上架→拉抻→晾晒→收装→成品。

操作要点：

1. 原料

面粉（以缙云产908土面为佳）、盐、清水。

2. 和面

称取约15kg面粉置于面缸中，适当比例的普通食盐化于清水，倒入面粉，先搅拌成雪片状的面疙瘩，再用手拌揉成团，用拳头不断按压，使其成为质地均匀的面团，继续按揉，直至面团、手及面缸三者呈“三光”状态，即面团表面光滑，不粘缸，手无粘面，手光缸光。此过程体力要求很高，现可用拌面机代替。各配料重量比面粉：盐：水=10：（0.3～0.5）：5，盐的添加量根据气温和空气湿度进行细微的调节。

3. 醒面

面团加盖湿面，静置醒发。至手捏感觉到面团明显出现延展性，手感柔韧即可开始压扁割坯。

4. 压扁割坯

把醒发好的面团转移到大块案板上，案板上撒粉，用长擀面杖按压，把面团按压成6～8cm厚度均匀的圆形或椭圆形面饼。取锋利的弯刀自圆形切线方向入刀，沿边缘按面团形状一圈圈由外向内把面团切割成条坯，条坯不可切断。

5. 搓条

案板撒粉，取割好的条坯从头分小段认真进行搓滚，将条坯搓成表面光滑，粗细均匀的圆柱体。其他人将搓滚过的条坯整齐均匀的盘成蛇形置于案板的一端。条坯搓完一次后取盘好的坯再次进行搓条，盘整。如此反复，直至条坯呈直径约2cm均匀的圆柱体。

6. 盘条醒面

取内壁涂油的专用面盘，双手抹油，将搓好的条坯由中心向外螺旋形盘于面盘中，面盘可盘2～3层条坯。加盖湿布松弛面团。

7. 条坯上筷

取1cm直径的老龄箬竹，截取0.6m左右长、节部磨光为土面专用面筷。取两根面筷垂直插于面机中，间距约为10cm，将松弛好的条坯先固定在一根面筷上，然后按“8”字形交叉环绕在两根面筷间，直至面

筷位置几乎占满，留约8cm空位，掐断条坯，顶端固定在其中一根面筷上。依次将所有的条坯分别上筷。

8. 醒发松弛

土面专用柜为高约80cm，宽约60cm的长柜，内部在40cm、80cm高处钉横条。上有面坯的面筷取其中一根两端架于面柜横条上，另一根面筷架空。将所有面坯整齐排列于面柜中，加盖草席，保湿保温醒发松弛。

9. 拉条

等面坯明显松弛拉长后进行人工拉条。即将其中一支面筷固定住，双手持另一支面筷的两端，均匀用力进行抻面，将面坯拉伸至明显有回缩手感时放回面柜松弛。重复步骤7、步骤8，直至面坯拉至超过1m长。

10. 上架

将经多次拉条的面坯充分松弛后，将面坯移出面柜，一侧面筷插在晒面架上，另一侧自然下垂。

11. 拉抻

上架后的面坯要及时进行拉抻，双手持面筷两头，向斜下方进行拉抻，用力均匀，动作轻柔。单条面筷上的两排面条间用专用的细长筷分开横向抻拉。注意面条不要拉断、相互之间不可粘连。分多次将面坯抻成直径1～1.5mm粗细均匀的面条。

12. 晾晒

拉抻好的面条直接或挽成“U”字形悬挂在面架上进行自然晾晒，直至干燥，即掰断面条无软白心可见。

13. 收装

面条干燥后，将面轻柔的从面架上撤下，放在长方形面板上，取出面筷，将面按需折断成整齐划一的规格，分一定的重量包扎归整于收纳容器中。面筷上粘边的面片也可分别取下，缙云人称之为“面戒指”，造型独特，亦是一种美味。

营养参考（每 100g）

能量（kJ）	1 215.1	碳水化合物（g）	59.5
蛋白质（g）	11.5	钠（mg）	1 700.0
脂肪（g）	1.6		

菜干

简介

菜干，缙云多产，外地称霉干菜，梅干菜，是将叶菜经晾晒腌制后经多次蒸晒后的蔬菜干制品。江南民间自古以来多有自制菜干的习惯，旧时新鲜蔬菜无法长时保存，叶菜类蔬菜更是产出更为集中保存更为困难，所以在集中产出的时候农民自发的将各类叶菜类蔬菜晾干、堆黄，然后加盐腌制，最后晒干装坛。丽水产的大部分叶菜类蔬菜，如白菜、芥菜、包心菜甚至萝卜樱等均可制菜干，各类菜干在形态、口味上有一定的区别，包心菜干偏甜偏软，大叶芥菜干更香更韧，雪里蕻菜干形态更为均匀。在《越中便览》中有记述："梅干菜有芥菜干、油菜干、白菜干之别。芥菜味鲜，油菜性平，白菜质嫩，用以烹鸭、烧肉别有风味。"

在丽水，缙云的菜干最为出名，具有一定的规模，据统计2016年全县产菜干150万余斤（1斤=0.5kg，全书同），一般采用专用的雪里蕻、花叶芥菜或大叶芥菜作为原料，菜品按工艺分多种形态，多重蒸晒的菜干乌黑油亮，香味醇厚，多用于与猪肉同炒食，或与豆腐、土豆类同煮。一次蒸晒的油光黄黑，菜香浓郁，口感较韧，现多用于烧饼入馅。

中医认为菜干具有解暑热，洁脏腑，消积食，治咳嗽，生津开胃之用。根据文献报道，菜干具有较好的抗氧化活性，其提取物对大肠杆菌、枯草杆菌、金黄色葡萄球菌和黑曲霉4种微生物均有较好的抑菌性[1]。

历史文化

在缙云，菜干除是一种常年备着的干菜外，还代表着一种精神，一种情怀。在20世纪90年代前，所有的缙云学子都是带菜干上学。周日中午，家长会炒孩子们要带去学校的菜干，富裕的家庭会放一些肉同炒，贫穷的就放里自家产的菜油，甚至也有没有油直接“红锅”炒香。炒好的菜干将是接下去孩子在学校里一周或几周唯一的菜，蒸饭配菜干是缙云学生的标配，从入学一直吃到毕业。长久以来，寒窗苦读，白饭配干菜，成为了代表缙云人不畏艰难，勤奋读书走向成功的“干菜”精神，这种精神激励着一批批有志学子发奋苦读，鼓舞着一代代缙云人创业创新。菜干还是在外缙云人对家乡思念的一种寄托，是对家乡热爱的一种情怀。在当地，孩子出远门时父母总会给他带上一包自家做的菜干，在外地水土不服时泡上一碗，喝了就能解除不适，平时可做菜做汤，以解思乡之苦。

产品特色及前景

传统的缙云菜干油光乌黑，香气浓郁，滋味醇厚，气味独特，而且耐贮藏。农家亦有陈放菜干的习惯，把菜干紧压在陶缸中，每年取出蒸晒一次，多次蒸晒的菜干香气越发浓郁，色泽乌黑油亮。此类菜干不仅入菜滋味美，农村还可作药泡汤治喘之用。芥菜含有硫代葡萄糖甙、蛋白质和矿物质。硫代葡萄糖甙经水解后产生挥发性的芥子油，蛋白质分解后产生氨基酸，故加工后的菜干香味独特，滋味鲜美。菜干是许多人常年的备菜，常用来清蒸、干炒、烧汤，《中国菜谱》便有“霉干菜焖肉”一味。故除了农家自备自用外，销售市场需求较大。

除了入菜外，菜干作为烧饼馅料是一个巨大的市场。近年来，缙云烧饼品牌日渐成熟，衍生出大量特色产品，菜干便是其中之一。菜干是缙云烧饼的必需配料，还是其味道与风味的点精之笔，必不可少。无论缙云人在何地开店做饼，所用菜干必须从缙云当地带去，否则就感觉失去其特色和灵魂。在缙云，每年单是制饼用菜干的销量就可达70万斤，占整体菜干销售量的近五成，随着缙云烧饼的推广逐年增长，菜干市场前景广阔。

制作工艺

工艺流程：鲜菜收割→整理→晾晒堆黄→清洗沥干→剖瓣切菜→腌制→晾晒→蒸制焖香→晾晒→成品。

操作要点：

1. 原料

九头芥菜、食盐。

2. 鲜菜收割、整理

将成熟的鲜菜齐地割断，注意减少菜梗破碎。整理去杂，去除烂叶、杂物等。

3. 晾晒堆黄

将整理后的鲜菜分散平铺或挂空晾晒，至叶梗由脆转韧，表面微微发皱，叶皮变软。晒后的芥菜收回在阴凉处以堆垛方式整齐叠放，菜堆高不超过50cm，进行堆黄，至堆中菜体微微发热，菜叶由绿转黄绿，有香味溢出。此步注意翻层散热，防止菜堆发热过度腐烂。

4. 清洗、沥干

将堆黄后的菜叶进行清洗，去除杂物沙尘。至阴凉通风处架空沥水。

5. 剖瓣切菜

将沥水后的菜从菜梗末端纵向劈开，不劈断，菜梗直径在2cm以下的，按“十”字形劈成四瓣，较大的菜按“井”字形劈成多瓣。将菜横向切成约1cm长的颗粒。

6. 腌制

每百公斤菜配3kg左右的粗盐腌制。取清净的缸或桶，在底部撒薄盐，倒入一层菜粒，取适合的工具按压，紧至菜体有液体渗出，在表面均匀撒薄盐，再倒入一层菜粒，压紧，每层均用工具捣实压紧至菜卤渗出，一层菜一层盐，层层压实至缸八九分满，最上面层撒面盐作盖。取重物压紧不让菜浮起。此步至菜卤出泡，黄熟转鲜后起缸晒菜。腌制时间根据气温不同控制时间在5～7d，一般不大于10d。

7. 晾晒

择晴日，从缸中取出腌好的菜坯，沥出菜卤，置菜坯于干净的竹篾或晾晒器具上进行晾晒。傍晚收回，装容器中回潮。传统做法可将腌制沥出的菜卤回入进行匀温。如此反复至菜坯晒至全干。

8. 蒸制焖香

干菜坯松散入饭甑，加盖大火蒸制，表面上汽后继续加热1～2h。关火，焖香8h以上。入菜的菜干可重复6～8步骤，菜干愈是多重蒸晒，色泽和香气愈酽醇，口感软嫩。

9. 晾晒

蒸好的菜坯用手搓散均匀晾晒，晒法同步骤6，至全干，即手捻菜干叶子易碎。此时菜干油光黄黑，菜香浓郁，口感较韧，用于烧饼馅为佳。

10. 装罐成品

将制好的菜干放入可密封容器中，封严，放在阴凉处存放。容器以陶罐、泥罐为佳。

营养参考（每 100g 干物质）

能量（kJ）	826	碳水化合物（g）	32.3
蛋白质（g）	11.5	钠（mg）	9 700
脂肪（g）	2.2		

参考文献

[1] 王超 . 梅干菜提取物抑菌和抗氧化性能及其在猪肉保鲜中的应用 [D]. 湘潭大学，2013.

番薯竹碗

简介

番薯竹碗是缙云传统的特色小吃之一，使用番薯全粉蒸制而成，因形似倒扣的小竹碗而名，冷热兼宜，健康美味，符合当前推崇的健康饮食的理念。

《本草纲目拾遗》等古代文献记载，番薯有“补虚乏，益气力，健脾胃，强肾阴”的功效，使人“长寿少疾”。还能补中、和血、暖胃、肥五脏等。当代《中华本草》记载：“味甘，性平。归脾、肾经。补中和血、益气生津、宽肠胃、通便秘。主治脾虚水肿、疮疡肿毒、肠燥便秘。”现代研究中发现番薯具有抗癌的功效。

历史文化

浙江中南部一带民间有“缙云番莳（薯），永康萝卜”的说法。相传明朝时期，缙云受水祸，唯薯丰收。一京官往之巡查，见一童颜鹤发之农挖薯，问其何物？农答曰：乃人参也，可通经活络，排毒养颜。京官奇参之硕，欲食，农遣妻煮之。官尝，惊呼妙哉，遂股气出。进京面圣禀：缙受水祸 ，而参之硕，且味绝，奇之。尔后，缙云番薯名满天下，甚至成为缙云人的代名词，如今成为当地民间饮食文化的一道独特招牌。在缙云，番薯作为主食的历史非常悠久，而且形式多样，除单吃外，番薯粉皮、番薯片、番薯条、番薯丝等薯类美食比比皆是，番薯竹碗就是其中之一。长久以来，番薯竹碗是缙云人下午点心的美好记忆。午后，老街上常有老者拉着高高的笼格缓慢走过，一声声“番薯……竹碗……”悠扬高亢，有需者走出来，来上那么三两个，有时还会配上一碗猪血豆腐羹，就是一份美味又扛饿的下午点心了。

产品特色及前景

番薯含有大量不易被消化的纤维素和果胶，能刺激消化液分泌及肠胃蠕动，从而起到通便作用；含有丰富的β-胡萝卜素，有助于清除体内的自由基；还含有丰富的镁、磷、钙等矿物元素等。目前有研究认为番薯具有抑癌的作用。

番薯竹碗是较为少见的薯类全粉加工食品，它保留番薯的清香，蒸制后香甜浓郁，口感Q弹爽口不粘牙，热量较低，含丰富的膳食纤维，并具有很好的饱腹感，是一种健康的全薯类食品。另外，番薯竹碗原料方便长期保存，成品造型可爱，烹饪工艺简单快捷，热时软糯香甜，冷时Q弹可口，冷热兼宜，适应了现代饮食方便、快捷和健康的多样化需求。根据2016版《中国居民膳食指南》推荐，居民应每日摄入100g薯类，番薯竹碗正是除鲜食外薯类食物的良好补充，也正符合丽水发展食养产业对特色健康食品的需求。

制作工艺

工艺流程：原料准备→热水拌料→搅拌上劲→做窝整形→入笼蒸制→成品。

操作要点：

1. 原料

番薯全粉、水。

2. 番薯粉制备

将新鲜的番薯清洗去皮，去除裂口、芽头等，洗净刨丝，晒干至水分含量低于6%，磨粉，过80目筛。

3. 热水拌料

料粉置于干净容器中，沸水缓慢冲入，边冲边用搅拌棒快速搅拌，番薯粉和热水一般为2：1，视原料吸水性不同适当微调。

4. 搅拌上劲

快速同方面搅拌至上劲，面团表面较光滑，有较好的黏性。

5. 做窝整形

将搅拌好的原料依照个人爱好，做成大小合适的类似竹碗的形状，要求均匀整齐。为了蒸制方便及美观，一般番薯竹碗的厚度会掌握在5～8mm。

6. 入笼蒸制

取大型蒸笼，将半成品整齐倒扣于笼屉上，大水蒸制上汽后15～20min，即可出锅食用。

营养参考（每100g）

能量（kJ）	802.56	维生素 B_1（mg）	0.13	视黄醇当量（μg）	69.37
蛋白质（g）	2.63	维生素 B_2（mg）	0.08	钠（mg）	108.75
脂肪（g）	0.36	尼克酸 VPP（mg）	1.13	钙（mg）	45.00
碳水化合物（g）	43.13	维生素 E（mg）	0.81	铁（mg）	1.50
膳食纤维（g）	1.88	维生素 C（mg）	45.00		

麦果松（麦角酥）

简介

缙云乡间传统小点，地方话音“麦果松”，缙云话中“松”即是“酥脆”之意，故也有称“麦角酥”。以当地小麦粉为料，发酵，制成手指长短的三角形或菱形，烙干即可。麦果松多为甜味，水分含量较低，耐贮藏，放置于阴凉干燥处可半月不变味。麦果松在缙云传统的饮食文化里，扮演着饼干的角色。以前特别是物质匮乏年代，麦果松是缙云人的重要节庆点心，也是家庭中有人出远门、干重体力活的必备干粮，随手拿出一块，当点心时配茶水，当干粮时配山泉水，美味又扛饿，非常适宜。

历史文化

传说当年黄帝初来，恶溪有水怪。一日，有个砍柴人被蕲蛇精所伤，大号。黄帝大将应龙正好路过，寻将而去。应龙手抓蛇颈，脚踏蛇身，蛇精瞬息毙命。村人围看欢呼，将蛇精抬村里，剥皮，分食之，大补。村人以麦饼谢应龙。后来，老百姓便把麦饼烤成蕲蛇花一样，上山砍柴，出门办事，身带麦果松，妖怪不敢近身。亲朋往来，也以麦果松馈赠，以祝禳灾化吉，是成风尚[1]。

在缙云，还有把麦果松作为娘家给出嫁女儿端午“探夏季”礼物的习俗。夏季来临端午节附近，娘家父母要带着礼物来到女儿家探望，礼物一般是粉干、水果和自制的点心，自制的点心即是麦果松了，大约是希望女儿在夫家也能过得幸福，就像麦果松那么香香甜甜吧。

产品特色及前景

麦果松常分松（硬）、软两种，软者敬老翁，松者乐儿童，青壮出门当路资。两

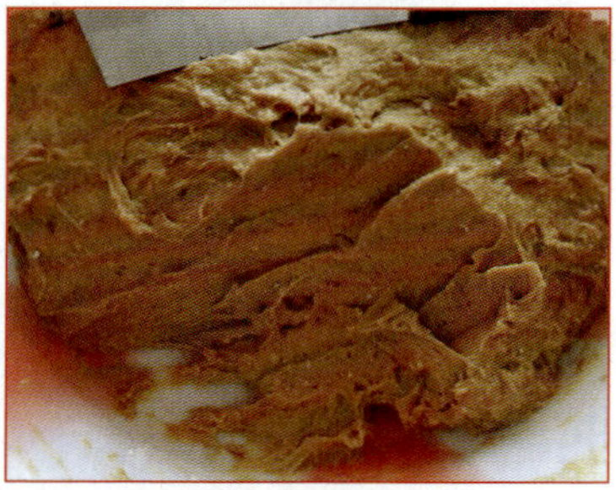

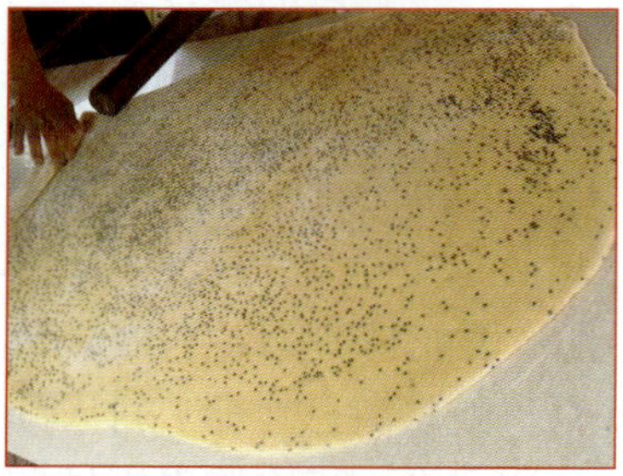

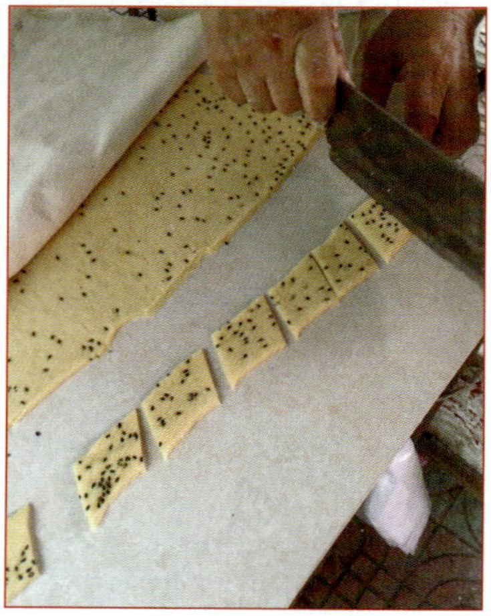

者兼以本地小麦粉为原料，辅以鸡蛋、红糖及水，加酵母或发粉发面制成。本地小麦粉磨面精度较低，麸皮和胚粉留存多，因此烟酸、维生素E及钙、钾等营养元素含量相对市场的标准粉更高，具有更好的营养价值。睿智的先人通过加红糖，经发酵和烙烤后改善麸皮口感粗糙的问题，使产品既美味又富营养，而且低水分含量很好地延长产品的保质期。独特的造型、香甜的味道、丰富的营养和较长的保质期限，麦果松已具备了普通食品商品化的几个必备特征，适合进行产业化开发，也适合作为旅游地地方特色传统食品进行营销。

制作工艺

工艺流程：拌粉→糖水揉面→发面→擀片→整形→醒发→烙烤→成品。

操作要点：

1. 原料

土麦面粉、红糖、鸡蛋、水、小苏打粉（或酵母、面种）。

2. 拌粉

面粉加入酵母粉或面种，不用酵母发酵可忽略本步骤。加入全蛋液，稍稍搅拌。酵母粉或面种的量按常规量放入。

3. 揉面

以5kg面粉1.5kg糖的比例称取红糖，溶入热水中，放至室温。将红糖水缓慢倒入步骤2面粉中，揉至面团呈“三光”，即面光、手光、缸光状态。

4. 发面

面团置于缸中，加盖湿布，在温暖处醒发。发面至面团明显变成1.5～2倍大小。

5. 擀片

案板上撒干粉，发好的面团取出置于案板上，按压去气泡。撒上芝麻，将面团擀成0.6～1cm厚的面片。

6. 整形

将面片纵向切成4cm左右的长条，转45° 角斜切，间隔4～5cm，整形成长1指的菱形或三角形，当地有称此形为蕲蛇花。

7. 醒发

整形好的胚片在案板上分开进行2次醒发，到胚片再次发酵微微变大。

8. 烙烤

取平底锅或铁锅，小火加热，将发好的饼胚慢火烙烤到两面微黄，香味浓郁即可食用。

9. 储存

麦果松的储存条件为阴凉通风，储于坛罐最佳，食时随取，半月而味不失。

注意事项

①麦果松的粉水比一般为2：1，液体包括鸡蛋液与清水，步骤2和3中鸡蛋与水的量以总量计，单个可按需增减。② 如用小苏打发面团，小苏打应在步骤4时加入，加入量为面粉的1‰～2‰。

营养参考（每 100g）

能量（kJ）	1 047.84	维生素 B_1（mg）	0.16	视黄醇当量（μg）	10.21
蛋白质（g）	6.68	维生素 B_2（mg）	0.06	钠（mg）	11.14
脂肪（g）	1.37	尼克酸 VPP（mg）	1.11	钙（mg）	43.42
碳水化合物（g）	52.95	维生素 E（mg）	1.07	铁（mg）	2.31
膳食纤维（g）	1.11				

参考文献

[1] 徐学献（整理）.《缙云传统特色小吃文化典故》（征求意见稿）——《麦饼角松》.

冻米糖

简介

冻米糖又称缙云白糖，在缙云县壶镇等地称 “米泡糖” 。冻米糖，是缙云春节必备的节庆传统食品。以糯米为原料，经冷冻干燥膨化后，拌入糖浆及芝麻、花生或其他配料整形所得的一种膨化米制品，缙云白糖以香、甜、脆、酥见长，一般为周正的长方体，米泡洁白，配料花式繁多，打开无渣无屑，入口不粘牙、不塞牙，松脆爽口，落口消溶，唇齿留香。白糖在缙云全域流行，尤以壶镇一带用料最为考究，制作最为精细，品质为佳，根据配料不同分成花生、芝麻、红薯丝、大米泡、粟米、炒豆、粉干、早米、玉米等，种类十分丰富。

历史文化

过年切白糖习俗在缙云流传已久。冻米糖是江南传统食物，有“江南小切”之称。传五代时，吴越国镇东节度使詹尧臣奉命守护钱王祖墓，百姓将当地最珍贵的糯米饭献给将士，但因天寒地冻，糯米饭被冻成晶体，无奈之下只能回锅再炒，结果炒成了米花。将士大多来自苏杭一带，喜甜食，他们把米花就着糖吃，慢慢地，一种用米花和糖做成的糕点就在吴越民间流传开。缙云民间还有白糖始于黄帝之说，并有“缙云白糖八卦阵”之谈，甚是有趣。

以往在缙云，切白糖是欢乐的象征。过年的气氛就是从准备切糖的冻米开始，霜降后心急的人们就可准备冻米了。选米、浸泡、蒸饭、搓散、冻晒、炒发，准备工作甚是繁琐，但欢乐的气氛就此漫延开来。缙云有俗谚：“切白糖，担白糖，娘想囡来囡想娘。白糖切好好过年，份份（即户户之意）人家福寿长。”冻米准备好了，又要准备配料，各家按着自己的需求和实力准备花生、芝麻、炒豆、白糖、红糖……有大户人家或有闲者更是自己发麦芽，煮粥熬麦芽糖制备切白糖必用的“糖油”，一个农闲时节就围绕着白糖一样一样延展开。等东西备齐，时节也就到了冬月，就可真正开始切白糖了。缙云的切糖师傅被尊称为“切糖老司”，冬闲是切糖老司最忙的时候，各家各户请他安排时间，听他的吩咐配好各种料，炒好米泡（即膨化的冻米），老司带着工具上门，糖闸、糖板、糖捺、糖刀、糖尺等都为切糖专用。热水烧开，糖板、案板、大锅、拌桶所有器具都烫洗消毒，全家上阵，熬糖油、拌料、整形、切糖、包糖、存放，过年的感觉就越发浓郁起来了。切好后，各家各户分糖、送糖，欢乐分享。所以，对缙云人来说，白糖更是一种气氛、一种情怀、一种家乡的味道。

产品特色及前景

缙云白糖香甜不腻，区别于许多其他地方的冻米糖，冻米不用油炸而用沙子作为介质干炒膨化，膨化程度相对偏小，口感更为紧实而不油腻，无油哈败之风险。使用的糖以麦芽糖为主，口感更醇厚，含糖少，不粘牙不发硬，更符合现代人少糖少油的健康饮食理念。另外大量的粟米、番薯丝、黄豆等粗粮的加入，使缙云白糖中的营养更为均衡丰富，改变传统观念中普通冻米糖高糖高油高热量之看法。

近年来，缙云白糖已逐渐形成一个产业，转节气食品为长期供应的商品，除夏季外，在市场均有专门的商铺制作出售白糖，并设计制作了精美的包装，方便携带贮存，销量较大。但现在基本上还是以地方特色礼品和家用零食的商品形式出现。江西丰城的同类型产品已经突破礼品概念，作为普通商品出现，并成为江西民航配餐、南昌铁路专供食品，供销经验都值得缙云白糖从业和管理者学习。

制作工艺

工艺流程：

米泡：糯米→浸泡→蒸饭→冷却→冻晒→搓散→冻晒→沙炒→过筛。

白糖：称料→熬糖→拌料→压制整形→切糖→包装。

操作要点：

1. 米泡制作

选用颗粒饱满、洁白的糯米，竹萝置于清水中淘洗干净后浸泡约12h。饭甑洗净，将浸泡好的糯米大米蒸熟过芯。出甑，倒在平箕上

摊放冷却。完全冷却后置于阳光下晾晒。傍晚加盖，留在室外过夜冻晾。晾晒过程中及时将粘成团的饭粒手工搓散，每颗饭粒都无粘连。冻米晒至干燥，呈半透明状即可。炒沙洗净晾干，炒沙炒热后将冻米炒发膨化成米泡。

2. 配料

麦芽糖、白糖、植物油为必需品，花生、芝麻、橘皮、炒豆、玉米等按需自备。

3. 熬糖拌料

按比例将白糖、麦芽糖和植物油倒入锅中，加热熬至起大泡，在大泡刚消未消时将准备好的米泡及配料快速倒入锅中或将糖浆倒入备好配料的拌料桶中，迅速搅拌均匀。拌和的动作要迅速，若时间过久，糖液中的水分蒸发过多，就会使成品”变沙”，粘合不拢，而影响成品质量。

4. 压制整型

糖闸置于洁净的案板上，将拌匀的混合料趁热倒入其中，用糖板、糖捺等工具将拌好的糖料压平压紧，注意糖闸边上也需压至十分紧实。整块糖料呈均匀平整紧实的厚高5 ~ 6cm的正方体，表面可撒少量的芝麻等装饰配料。

5. 切糖包装

用糖尺精确划线切分打样，撤去糖闸，将糖料切成周正的长方块，用专用的纸进行包装，避光阴凉处存放。

营养参考（每100g）

能量（kJ）	2 093.0	碳水化合物（g）	54.0
蛋白质（g）	14.5	钠（mg）	18.0
脂肪（g）	25.1		

六月霉

简介

在缙云，“六月”意为夏天，六月霉，是指正夏三伏天做的霉豆腐。缙云霉豆腐以盐豆腐为原料，添加专用的黄豆或蚕豆（缙云称佛豆）、豉豆，配以生姜、辣椒等香辛料，经长时间高温太阳暴晒缓慢发酵而成。六月霉夏季开做，连续的高温无雨是六月霉制作的最佳时节。主妇们观天下料，遇上好天气，取定制的盐卤豆腐，切块滚盐，白日暴晒，晚间回卤，晒上几日，豆腐如石块一般方正、坚硬，才可入罐发酵，发酵借助“豉豆”（黄豆或蚕豆瓣豆豉），加以香料，封罐后需日日暴晒，少则30d，也有晒足3个月才开罐食用的。六月霉保质期极长，不开罐可保存两年、三年甚至五年，越陈越香，风味浓郁。开罐后如能防油及时密封亦能在常温下放置经年。六月霉色泽金黄、香味浓郁，含豆豉香，形态方正不糊烂，入口质地细腻浓香回转，咸鲜适口，且添加的豆豉和生姜等辅料味道亦是十分鲜美诱人，汤汁也是非常美味，直接下饭或当作酱油使用都很具风味。由于其加工工艺的特殊性，六月霉的口感和香味明显区别于市面上几乎所有的霉豆腐、腐乳产品，让人欲罢不能。但由于加工过程中涉及多处发酵的难点，制作难度高，即便是每年必做的奶奶们也常有失手做失败的时候，加上劳动强度也大，所以六月霉产量较少，多为家用自制，一罐好吃的六月霉是极难在市面上寻找得到。

产品特色及前景

中国是大豆的故乡，也是腐乳的发源地。千百年来，大豆作为我国人民的传统食品，在饮食中起着举足轻重的作用。霉豆腐是腐乳的别称，是我国传统的一种发酵豆制品，它是豆腐以微生物发酵所制成的一种制品，发酵有效地提高了大豆的消化率和生物价，使其滋味鲜美，风味独特，营养丰富，质地细腻。在国外，霉豆腐被称为中国干酪，富含优质蛋白，富含亚油酸、油酸等不饱和脂肪酸，不含胆固醇，含钙量高，由于蛋白质以微生物发酵转化成更有利于吸收的氨基酸和肽类，滋味和营养都较豆腐有更好的提高，并具有独特的鲜香味，产品形态朴实，深受群众的喜爱。

研究表明，霉豆腐有着降胆固醇、降血压、降血脂、预防骨质疏松、防治老年痴呆等功效。一般的霉豆腐中含有丰富的苷元型异黄酮，并且很容易吸收。能降低血液中胆固醇浓度，减少患冠心病风险。霉豆腐中含有高活性降血压肽，许多霉豆腐中大量使用的红曲是天然的血脂清道夫。另外，霉豆腐在发酵的过程中产生了丰富的B族维生素和氨基酸。其中含有丰富的维生素B_{12}，经常吃些腐乳可以预防恶性贫血，还可以预防老年痴呆。

六月霉作为霉豆腐的一个种类，区别于市面上的大部分腐乳产品。我国较有名的产区四川、浙江绍兴、安徽等地的霉豆腐多是新鲜豆腐自带的菌落直接进行自行发酵，主要是利用毛霉、根霉菌等生长达到保持产品外型、赋予口感和气味的目的。但六月霉的工艺先将豆腐高温晒干后添加豆豉，利用了豆腐中自带的微生物及豆豉中的微生物种群，多类有益微生物协同作用，使六月霉具有更为理想的外型，不易破碎，香气更为纯正豉香明显，口感更为细腻干爽而又柔糯。六月霉的豆腐中含水量偏低，发酵期更长，不但可在更长的时间内保持较高的品质，而且可在很长时间内保持微发酵，得到更为香醇的滋味和香气。由于采用先脱水后发酵工艺，发酵所需的微生物后来加入，使发酵工艺对周边环境的要求降低，为规模化和产业化提供较好的便利和可能性。丽水旅游产业的发展也为六月霉的规模化生产提供了一个很好的发展契机，六月霉以“奶奶的味道”为引线，特色鲜明，味道鲜美，保质期长，携带方便，有着很好的消费吸引力。

制作工艺

工艺流程：豆腐（大豆→浸泡→磨浆、煮浆→过筛→点浆→压榨）→划块→滚盐→晒干→回卤→晒干→腌坯→辅料→加汁、装瓶→密封→后酵→成熟→成品。

操作要点：

1. 豆腐划块、滚盐

新鲜豆腐沥水，划成4cm左右见方的正方形，轻轻放入粗盐粒中，翻动使豆腐块表面粘满盐粒，整齐错开放在竹制米筛上。滚盐过程中渗出的豆腐液留作备用。

2. 晒干、回卤

选择连续高温晴天天气，将豆腐连同米筛一起置于太阳下暴晒，不可翻动豆腐块。傍晚收回，晒至豆腐表面干爽体积微缩后，放回过程1中的豆腐液中过夜。如此昼晒夜卤，直至豆腐呈黄色，体积明显缩小，质地坚硬如石块，敲击锵锵作响时即为腌坯。

3. 辅料准备

按新鲜豆腐重的1/10取适量黄豆或蚕豆豉豆备用，淡盐水烧开后冷却，生姜、辣椒等清洗干净后晾干表面水分备用。

4. 加汁装瓶

取洁净干爽陶罐或玻璃瓶，容器绝对不可碰过油污，无水渍。底下平铺少量豉豆，放入豆腐腌坯，腌坯层层整齐叠放，交错开，上层铺入豆豉、生姜等其他辅料，灌入冷却好的淡盐水。

5. 密封

用厚纱布或箬叶等材料包封瓶口，用绳子绑紧，一般在箬叶外层加塑料布密封，加瓶盖保持紧封。

6. 后酵

密封后的罐子置于屋檐、窗台等阳光可直射的地方，不可淋雨，高温后酵。后酵时间根据条件不同从30～90d不等。

7. 成熟

后酵一个多月后见腌坯发红微微涨大，可开瓶尝试。成熟的六月霉开瓶有明显的香味，豆腐块轻碰即碎，轻捻成泥，质地细腻，吃后口齿留香，即为成品。后酵也可更为长久，六月霉放置3年香味更加浓郁可口。

营养参考（每 100g）

能量（kJ）	555.9	维生素 B_1（mg）	0.03	视黄醇当量（μg）	22.0
蛋白质（g）	10.9	维生素 B_2（mg）	0.04	钠（mg）	2 460.0
脂肪（g）	8.2	尼克酸 VPP（mg）	1.00	钙（mg）	61.0
碳水化合物(g)	3.9	维生素 E（mg）	8.40	铁（mg）	3.8
膳食纤维（g）	0.9				

注：以国家营养成分表中腐乳（白）计

早米糕（糖饧）

简介

糖饧，米制品，用早籼米浆加适量柴灰碱逐层浇摊蒸熟制成的主食米糕，可揭开分成数层，浅黄或黄色，带轻微碱香，口感软滑爽口，齿颊留香。糖饧可冷食也可热食，可直接分层蘸酱油或其他酱料食用，也可切块炒、煮作菜，作为主食用。糖饧为缙云壶镇一带发音，三溪东方一带称“早米糕”，现在也有取其多层之意称为“千层糕”。糖饧，把大米用草木灰碱水浸泡，水磨成浆，可加盐或糖，山栀调色，搅拌均匀，舀入蒸笼中分层炊熟，待其冷却，再用刀划成菱形块状。或作点心食用，也有对角切成4大块（此块缙云人称1角）送与他人作为礼品。以前农忙季节在地里割稻，常有小贩拉到田头卖糖饧的，顺手摘荷叶当碗，咸口的配上酱油，甜口的醮红糖，充饥解暑，当作劳作间休息及能量补充。以往还可以用谷或米直接换糖饧，以物易物，甚是方便。

历史文化

糖饧是缙云的传统节气食品，缙云民间自古有“七月半糯米搓金团（麻糍），八月半下芋顿，九月重阳做糖饧”之说，多地都有九阳重阳有吃糖饧送糖饧之习惯。壶镇周边金华市永康、义乌、东阳、磐安方言音也叫糖洋，亦是传统小吃，但多以甜味见于市场，属于夏季甜品。据《义乌市志》记载：七月半，糖饧索粉（粉干）当一顿。意为农历七月半，大家都不生火做饭，而以糖洋配索粉为主食，据说七月半吃糖饧的习俗在东阳民间已流传了近千年。

产品特色及市场前景

糖饧冷热食兼宜，风味浓郁，口感滑糯香鲜，即可当点心零食解馋又可当主食充饥。山区的大米种植水质清澈、生态环境优美，品质超群，山栀清热，泻火，凉血，颜色鲜亮，草木灰碱的加入使大米香味显现，滋味柔和，更有助于消化，糖饧不管是口感、营养还是外形都有优秀的食品品质表现。现在在缙云，群众在农历节日或某些重要场合会家庭自制糖饧，平日里，菜市场摊贩里糖饧已经成为长年有售的零食小点，当天生产当天销售，甚受民众欢迎。据壶镇做糖饧的老艺人讲，农历七月半、重阳节这样的日子他们需要提早两天准备，泡米磨浆蒸制，三个大豆腐桶浸水，几口大锅同时烧，蒸笼叠到一人多高，通宵达旦地蒸糖饧，次日还是不够卖。平时虽不比节日销售量大，而且现在草木灰碱改用了食用碱，磨浆改用了电磨，蒸制也有了专用的电蒸格，工作量减轻了许多。但也需3人7～8个小时的工作量，销售量还是相当可观，收入甚丰。

在民间，制作糖饧的工艺往往世代相传，在经济大潮的冲击下，依然坚守着传统，所制糖饧一般在夏季室温下只能保存一天，最好在当日食用。糖饧含水量高，见风容易结壳发硬，口感破坏严重，放入冰箱冷藏后弹性减少，口感变劣，如能对其商品化的保鲜技术进行研究推广，延长货架期，形成稳定的商品，作为传统地方特色旅游商品推广，市场潜力较大。现在在缙云，三溪的糖饧以品质好著称，也是最受当地旅游、休闲游客欢迎的最有特色的风味小吃。

制作工艺

工艺流程：大米清洗、浸泡→磨浆→匀浆→蒸制→浇层（反复浇层与蒸制）→冷却、切块→成品。

操作要点：

1. 原料

籼米、水、食用碱、盐、山栀。

山栀水：取无虫蛀黄色的山栀干，捻碎，泡入小碗水中待用。

盐水：称取粗盐100g，化于3倍左右的水中，澄清过滤待用。

2. 大米清洗、浸泡

将大米在水里清洗2～3次，用适当大小的容器浸泡3～4h至手捻成碎状态。

3. 磨浆

用石磨或电动磨浆机磨浆，磨浆过程中缓慢均匀地加入清水，使浆更为细腻均匀。山栀水、盐水、碱分别放入入料口，与米共同碾磨。

4. 匀浆

磨好的浆置于大桶中，充分搅拌，使其均匀一致成质地细腻的淡黄色浆液。

5. 蒸制

蒸制糖饧一般放在土灶大锅里，锅里安上笼屉，水以浸到笼屉为原则。全程大火。现也用电热蒸饭格代替柴火灶。笼屉内摊放炊巾，炊巾须是紧密牢固的布料，防止米浆流漏。

6. 浇层、蒸制

空笼加盖大火烧煮，等盖面上汽后开盖，取一勺约0.5kg米浆均匀浇在炊布上，加盖，大火烧煮。约10min后，至头层米皮表面发黄，目测光滑似有油脂溢出时可加浇第二层，加盖，蒸制。如此反复浇层、蒸制，每层约加一斤米浆，米浆加前都需充分搅拌均匀，浇层后蒸至头层发黄发亮时加入下一层，直至所有米浆加完。一般的糖饧可分成近30层浇层，整个蒸制过程需持续3～4h。

7. 蒸熟

所有米浆浇层完成后，加盖，再蒸约半小时，至糕体表层光洁黄亮有油光，手压不粘有弹性，即为熟透。

8. 冷却、切块

蒸熟的糖饧离火，加盖湿布，置于阴凉处冷却、切块，随吃随切，注意加盖湿布，否则边缘会变硬。

营养参考（每 100g）

能量（kJ）	478.61	维生素 B_1（mg）	0.03	钠（mg）	628.74
蛋白质（g）	2.60	维生素 B_2（mg）	0.01	钙（mg）	4.51
脂肪（g）	0.20	尼克酸 VPP（mg）	0.46	铁（mg）	0.55
碳水化合物（g）	25.58	维生素 E（mg）	0.18	膳食纤维（g）	0.26

苦槠豆腐

简介

苦槠豆腐，一种纯天然的较高强度植物冻胶制品，是用苦槠树果实制粉后，经加热糊化凝固形成，灰白色，形似豆腐，口感脆嫩有弹性，微带苦味，味甘微寒。能补脾益胃，清热润燥，利小便，解热毒，可直接切块加糖当冷饮甜点食用，也可用于菜肴，蒸、炒、煮兼可。在缙云，多直接作为甜点食用，是缙云传统的冷饮小吃，夏季路边支摊，切一碗苦槠豆腐，浇上冰冰凉凉的开水，撒一勺糖粉，淋一圈米醋，晶莹剔透、滑爽可口，去火解渴，便是深受大众喜受的冷饮了。

历史文化

缙云的传统食品多与黄帝有关，苦槠豆腐亦是如此。相传轩辕黄帝在仙都铸鼎炼丹时，正是仲夏与初秋，气候闷热，大家又都围在丹鼎旁，更是热上加热，热渴难受，想方设法找能解渴降暑的物品。黄帝大臣岐伯懂医晓药，看到山中的苦槠树果实累累，便指导村民将苦槠籽磨浆洗粉，烧成羹，凝成块，加水吃，果然降暑解渴。后人见其形似豆腐，又是苦槠子做成，便称之为“苦槠豆腐”。

产品特色与前景

苦槠[*Castanopsis sclerophylla*（Lindl.）Schott.]，也称槠栗、血槠、苦槠子等，国家二级保护植物，属山毛榉目，壳斗科，锥属乔木，在丽水大部分地区均有分布，均为野生状态。苦槠果实的外表与板栗类似，种仁富含淀粉，浸水脱涩后可制成苦槠粉。苦槠子富含淀粉、脂肪和优质蛋白，营养丰富，还含有铁、钙、磷、镁等人体必需的多种微量元素，能有效降低胆固醇、减肥、洁白细腻肌肤和延缓衰老、清热解毒、降脂降压、解积化淤、止泻等，苦槠粉还是推荐使用的纯天然婴儿爽身粉，有显著的祛痱作用。

苦槠豆腐纯天然，乡村气息浓郁，具有较高的食用价值及药用价值。除丽水外，苦槠在浙江、福建、江西等地多有分布，亦多为野生状态，产品的开发主要为苦槠粉，苦槠干等。现在苦槠粉的市场价一般为60元/kg，而苦槠干的市场价则达120元/kg，经济价值较高。随着旅游业的发展，苦槠豆腐、苦槠干等纯天然绿色食品受到越来越多的关注和喜欢，作为大自然的馈赠品，传统的工艺、充满乡土气息的形态、天然的山珍味道都是苦槠豆腐的开发亮点。苦槠豆腐作为许多人儿时食物的记忆，承载了许多人思乡、怀旧的一种情怀，一种童年盛夏的滋味，作为特色传统食品开发的潜力较大。

制作工艺

苦槠粉工艺流程：苦槠果→去外壳→晒干→脱壳→去杂→浸泡→磨浆→过滤→洗浆→静置沉淀→取粉晒干。

苦槠豆腐工艺流程：取粉加水去杂→浸泡→洗粉→搅匀→加热糊化→冷却定形→切分。

操作要点：

1. 加水去杂

苦槠粉加水，轻轻搅拌，除去粉浆上明显的槠壳、叶片等杂物，漂去浮层。

2. 浸泡

加水，水位超过粉面约一指高，搅拌，静置。

3. 洗粉

苦槠粉浆静置澄清后，去除上层清液。并重复浸泡、洗粉2～3次，去除苦槠粉中的苦涩味。

4. 搅匀

充分洗粉后，加入约1倍的水量。糊化前将粉浆充分搅匀。

5. 加热糊化

取干粉重量10～12倍的水，无油的锅中烧沸。将粉浆再次搅匀缓缓倒入沸腾的锅中，同时用勺快速搅拌，以免粘锅，防止结块。全程加热，搅拌，直至锅中糊非常浓稠、剔透，无生白色后，继续加热搅拌一两分钟关火。水量与终产品的状态密切相关，水过多苦槠豆腐过软不成形，水过少质地过硬。

6. 冷却定形

将苦槠糊倒至合适的容器中，自然冷却定形。完全冷却后加凉开水放置，夏季放冰箱冷藏。

7. 切分

食用前，用干净的小刀在容器中直接将苦槠豆腐切成大块，然后按需取出切分小块放在碗中，加适量凉开水、糖粉、醋，即成一碗酸甜可口、清热解暑的苦槠豆腐冷饮了。

营养参考（每 100g）

能量（kJ）	1 474.0	碳水化合物（g）	85.4
蛋白质（g）	1.3	钠（mg）	0
脂肪（g）	0		

景宁

特色食品

乌米饭

简介

乌米饭是用乌饭树叶和优质糯米制成，其色泽黑亮，粒粒晶莹饱满，香糯可口，且营养丰富。乌米饭是畲族人民“三月三”重大节日必不可少的小吃之一，因此“三月三”也叫做“乌饭节”。每年三月三，畲族人民都有制作乌米饭供祭祖先、馈赠亲友的习俗，这一习俗从唐代沿袭至今，而乌米饭也成为畲乡旅游必购的特色食品。

历史文化

乌米饭在古代叫青精饭，唐代诗人杜甫《赠李白》诗云：“岂无青精饭，使我颜色好。”唐代诗人陆龟蒙也写道：“旧闻香积金仙食，今见青精玉斧饭。”因此畲族乌米饭的历史可追溯到唐代。

相传，古代畲民为抵御外侵退入深山，在重重围困中，大家靠一种植物驱虫防病，并把它与携带的大米一起蒸煮。没想到，这种米饭不仅味道甘美可口，还能在炎热的夏日存放长久不致变馊。就靠着这样的食物，畲族先民们成功地抵抗了外侵，在当年的农历三月三终于突出重围。这种植物即为乌饭树，畲民将用乌饭树叶煮的米饭称为“乌米饭”。为纪念这段历史，也为褒奖畲族勇士们的浴血奋战，每年三月三，畲族人民家家户户都蒸乌米饭，这种传统一直延续至今[1]。

民间流传着一首关于乌米饭的畲歌“景宁是个好地方，三月初三三月三，人人都要染乌饭，吃了乌饭身健康”。

产品特色和产业前景

乌饭树（*Vaccinium bracteatum* Thunb.），又名南烛、乌稔树，古称染菽，属杜鹃花科植物，在江、浙、闽一带多见。中医认为乌饭树叶性平、味淡，叶汁中含有名贵的天然黑色素，有松弛血管、改善血液循环的作用，以及预防动脉硬化、糖尿病等；含槲皮素，是一种天然的黄酮类化合物，具有降血脂、抗炎、抗过敏的作用；含酚甙类，也具有抗氧化、抗菌的作用。因此乌饭树食用药用价值较高。据李时珍本草纲目记载："南烛止泻除睡，强筋益气，利肠胃、补骨髓，明目乌发，久服，固精驻颜，轻身明目"[2]。

乌米饭是畲族人民特有的主食之一。目前，乌米饭在传统的制作工艺上添加花生仁、红枣等辅料，丰富了乌米饭口味，同时采用竹筒等包装，开发出竹桶乌米饭、荷叶乌米饭、菠萝乌米饭、草包乌米饭等系列产品，成为一种特色旅游商品。

乌饭树叶汁是天然的防腐剂，煮好的乌米饭夏季常温下就可保存2d，冷冻保鲜可保存长达60d以上。因此乌饭在丽水的各大酒店和景区内均有销售，未来开发即食乌米饭也成为一种发展趋势。

制作工艺

工艺流程：乌饭汁制作→糯米浸泡→蒸制→成品。

操作要点：

1. 原料

糯米、乌饭树叶、水（可搭配红枣、花生、白糖、咸肉、香菇、豌豆、笋等）。

2. 乌饭汁制作

将采摘的新鲜乌饭树叶清洗干净，捣烂，加适量水过滤，去渣留汁，备用。

3. 糯米浸泡

糯米清洗后，倒入乌汁中，浸泡8～10h，使汁液与糯米充分混合，浸泡好的糯米呈绿色，倒出多余的汁液，糯米备用。

4. 蒸制

将浸泡后的糯米放入饭甑中，隔水蒸熟，即可食用。

5. 食用

乌米饭可以直接食用，也可以加入红枣、花生、白糖等一同蒸煮食用；或者依照个人口味和咸肉、豌豆、香菇、笋等食材一同炒制食用。

营养参考（每 100g）[2]

能量（kJ）	947.02	膳食纤维（g）	0.30	磷（mg）	66.00
蛋白质（g）	8.10	维生素 B_6（mg）	1.18	钙（mg）	40.29
脂肪（g）	1.70	维生素 C（mg）	25.40	铁（mg）	5.33
碳水化合物(g)	47.10	钠（mg）	0.60		

参考文献

[1] DB 331127/ T062.4—2015，景宁畲族自治县地方标准 .

[2] 陈涵贞，苏德森，李文福 . 乌饭树叶和乌饭营养成分的分析与评价 [J]. 福建农业学报，2008(4): 392–395.

惠明茶

简介

惠明茶，惠明茶生长在海拔700多米云雾缭绕的高山，外形紧结，颗颗饱满，色泽翠绿，茶毫披布全芽。成茶条索紧缩壮实，颗粒饱满，色泽翠绿光润，全芽披毫。惠明茶外形细紧，稍卷曲，色绿润，具有回味甜醇、浓而不苦、滋味鲜爽、耐于冲泡、香气持久等特点， 是名茶中的珍品。

惠明茶以“香高味浓，耐泡回甘，富含兰花香、水果味”而区别于其他名茶。具有“外形条索紧细，色泽绿润毫显，汤色清澈明净，香气浓高持久，滋味甘醇爽口，花香果味齐全。一杯淡、二杯鲜、三杯甘又醇、四杯五杯茶韵犹存”的特点。

惠明茶是全国重点名茶之一，主产于鹤溪镇惠明寺村。惠明茶参加历届国际、国内茶博会、农博会屡获金奖，2004年、2009年两届蝉联“浙江省十大名茶”； 2010年荣获上海世博会名茶评比金奖、“中华文化名茶”；景宁县荣获“中国名茶之乡”“中国茶文化之乡”“全国十大生态产茶县”“全国重点产茶县”等称号；2010年惠明茶成为国家地理标志保护产品。

历史文化

惠明茶，历史悠久。同治版《景宁县志》记载，中唐时云游四方的峨眉山僧人惠明被南泉山美丽景色吸引，在此结庐修禅，广植茶树，惠明乐善好施，为四周百姓除病解痛，乡民感其德，于唐咸通二年（公元861年）在结庐处，建“惠明寺”，寺旁茶树，称“惠明茶”。明成化十八年（公元1482年）惠明茶成为朝廷贡品；1915年荣获巴拿马万国博览会一等证书和金质褒章，从此名扬中外。20世纪70年代逐将惠明茶定名为“金奖惠明茶”。

新中国成立后，党和政府十分重视惠明茶，并给予大力扶植。1973年丽水地区科

委将惠明茶列入重点研究课题，重新挖掘了这一历史名茶，对茶区土壤、气候和茶叶的栽培、采制等项目进行研究，加快了惠明茶的发展，产品质量也随之不断提高，从而使惠明茶重获新生，几年来已发展新茶园近千亩，投产茶园100多亩。1979年开始，名茶产量已达2 000多千克，新茶运往北京、天津、青岛、上海、杭州等城市销售，还通过亲朋华侨关系把茶叶寄到美国、印尼、比利时等国和我国香港地区获得好评。浙江电视台多次拍成电视加以宣传，《中国新闻》《人民画报》《民族画报》都先后加以介绍，引起国内外人士重视。1979—1982年连续评为浙江省优质名茶，1982年、1986年参加全国在长沙、福州的评比中，被商业部评为全国十大名茶之一。1991年在杭州召开的国际茶文化节上，又评为“优秀文化名茶”奖。

产品特色及前景

惠明茶之所以品质优异，除采制精巧外，优越的自然环境也是重要因素。惠明茶的主产区在赤木山区，其中以惠明寺为主要产地。惠明寺海拔六七百米，赤木山海拔一千五百米，高接云霄，山上林木葱茏，云山雾海，气象变化万千。赤木山土壤以酸性沙质黄土壤和香灰土为主，土质肥沃，气候温和，雨量充沛，空气湿润。惠明寺正在赤木山的山腰，非常适宜茶树生长，由于当地土壤气候条件特殊，在长期生产中逐渐形成了本地茶叶群体品种的特点。

目前，惠明茶生产面积6.5万亩，产量2 500t，产值4亿元。惠明茶产业已成为畲乡景宁农业第一大产业，实现标准化生产加工，质量安全稳定，消费群体不断扩展，产品供不应求，市场前景广阔。

制作工艺

工艺流程：采摘→摊放→杀青→捻揉→理条→整形→摊亮→炒干→成品。

操作要点：

1. 采摘

惠明茶属绿茶类中的细嫩名茶，适制品种为本地群体、鸠坑、迎霜、景白系列等中小叶品种。惠明茶采摘讲究外形，对鲜叶的要求比较高。采摘都是人工采摘，

长期以来形成了两种方式：单芽采和细嫩采。单芽采：为特级惠明茶加工原料。鲜叶全系粗壮芽头。一般长25～30mm，宽3～4mm，牙柄长2～3mm，采摘时用手将芽头折断，断面要整齐，切忌掐采，雨天不采，细瘦芽不采，风伤芽不采，虫伤芽不采，开口芽不采，空心芽不采，有病弯曲芽不采，过长过短芽不采，采摘时需要特制小竹篓盛茶，将不合规格的茶芽进行拣筛。细嫩采：鲜叶要求一芽一叶至二叶初展，大小长短一致，茶篓要洁净，透气，芽叶轻放篓中不能紧压，不采雨水叶、露水叶，当天采摘当天付制，不采紫芽，瘦弱芽，虫病损伤芽，不带鱼叶、单片、鳞片，以及其他任何夹杂物。

2. 摊放

鲜叶进入加工厂后，将鲜叶摊放在竹簟或特制的专用摊青竹筛上，厚度2cm左右，室内保持通风清洁干燥，时间4～12h，多次轻翻至失水均匀，叶面缺少鲜叶光泽，吐露清香时投入杀青。

3. 杀青

将斜锅或者电炒锅清洗干净，升温，擦少许专用油，待油烟散尽，锅温达到130～150℃时，投入250～400g摊青叶，速用双手炒茶，抖焖结合，多抖少焖，手势要扬开，抖散，勤翻，捞净，杀匀杀透。

4. 揉捻

将稍摊凉的杀青叶置于清洁竹帘上，抱茶于手沿，按同一个方向旋转，把握手势轻重，边揉边解块，揉至茶汁稍溢，成条率达到90%为适度。

5. 理条

在65～70℃的斜锅中，用手轻抓茶叶向同一个方向滚理，边理边抖，散发水分，理至茶条不粘手，手握成团，抛之即散为止。

6. 整形

锅温80℃，双手四指微曲，反复在锅中来回理滚，茶条七成干后，锅温降至60℃以下，单手握茶，顺着锅壁沿同一个方向旋转，利用掌力促使茶条相互摩擦，显露白毫，条索紧结，稍带卷曲为止。

7. 摊凉

将提毫整形的茶坯出锅摊凉30min，促使内外水分分布均匀。

8. 炒干

经摊凉的茶坯，投入60～50℃的斜锅中翻炒，轻翻勤翻，一则促进色泽翠绿，香气清高，二则保护苗锋茸毫，直至足干，最后，经拣剔，分筛，摊凉，分级贮藏即可。

机械加工：

摊放结束后使用滚筒杀青机杀青。刚开始时要适当增加投叶量，防止出现焦叶，随后均匀投叶。在开始投叶的同时，开动出茶口的电风扇，使出口的杀青叶迅速降温，排除热气和水蒸气，以防焖黄。杀青叶回潮后，在揉捻机中冷揉。揉捻后进行烘干，在烘干机进行，分初烘与复烘，结合做形至茶形卷曲匀整，回潮走水后提香，至香气发挥含水量6.0%以下，经摊凉、拣剔后包装。

豆腐娘

简介

豆腐娘是畲乡一道特色的菜肴，被奉为畲族待客第一菜。取名通俗，寓意简单，可理解为“豆腐之娘”。新鲜青豆磨成的豆腐娘，吃起来嫩而不滑，细而不流，软而不黏，糊而不腻，爽然适口。豆腐娘含有青豆中所有的膳食纤维和蛋白质，所以营养丰富，是老少皆宜的保健菜品。

历史文化

相传很久以前，畲民从遥远的凤凰山迁徙至景宁一带。有一天，村里来了一位白发老人，老人好几天没有进食，已经奄奄一息。好心的雷大嫂拿出家里仅有的一捧毛豆煮给老人，可老人根本吞咽不下。雷大嫂灵机一动，找来两块石头，把毛豆捣碎，然后连汤带汁放在锅里煮。老人喝过后，连声称好。原来这位老者是一位神仙，他此行是故意试探畲民是否聪明善良，通过考验的畲民得到了仙人所赐予的世代幸福安康。因此畲族人民们纷纷开始学做豆腐娘，豆腐娘也成为畲族待客第一菜[1]。

产品特色及前景

豆腐娘富含丰富的膳食纤维和蛋白质，传统的石磨碾磨更是保留着青豆的原汁原味，以及一代人的记忆。随着生活水平的提高，豆腐娘作为一道纯天然的绿色食品，受到越来越多人的喜爱。豆腐娘为底料的美食在丽水也特别有名，比如庆元景宁交界一带就非常流行以豆腐娘作为汤料，放入当地特色的黄馃、千层糕、糍粑等作为主食。每逢过年过节，这些都是招待客人的最好方式。近年来，随着当地旅游开发的发展，更是成为招待外来客人的特色佳肴，在景宁以及丽水其他地区的酒店里几乎都能看到豆腐娘的身影，在菜品市场中名列前茅。其蕴含的畲乡悠久历史文化和民族风情，也成为豆腐娘的一个卖点。

制作工艺

工艺流程：原料处理→磨浆→蒸煮→辅料炒制→成品。

操作要点：

1. 原料

青豆、盐、香菜、虾皮、香葱等。

2. 清洗

选择新鲜的嫩绿青豆，清洗（或者青豆完全泡涨）。

3. 磨浆

用来磨豆腐娘的石磨是平面的两层，两层的接合处刻有纹理，将青豆掺和适量的清水从上方的孔进入两层中间，沿着纹理向外运移，在滚动过两层面时青豆被磨碎，青绿的豆腐娘从夹缝中缓缓流到磨盘上。注意：磨出的豆腐娘要精细且浓度适中，太粗或者过稠过稀都会影响到豆腐娘的口感。

4. 蒸煮

锅中加入少量水和适量食盐，将磨好后的豆腐娘倒入锅中用温火慢煮，待假沸气泡消失，蒸煮结束。

5. 辅料炒制

香菜、香葱、虾皮等适量，旺火炒熟，备用。

6. 成品

将辅料根据个人爱好拌入蒸煮好的豆腐娘中，即可食用。

营养参考（每 100g）

能量（kJ）	1 026.19	维生素 B_1（mg）	0.28	视黄醇当量（μg）	89.12
蛋白质（g）	23.11	维生素 B_2（mg）	0.13	胆固醇（mg）	13.36
脂肪（g）	10.46	尼克酸 VPP（mg）	2.08	钠（mg）	176.45
碳水化合物（g）	14.77	维生素 E（mg）	6.63	钙（mg）	160.19
膳食纤维（g）	9.22	维生素 C（mg）	1.50	铁（mg）	5.78

参考文献

[1] DB 331127/ T062.4—2015，景宁畲族自治县地方标准 .

山哈竹筒酒

简介

景宁畲乡特产山哈竹筒酒，选用当地高山优质糯米和乌衣红曲为主要原料，用低度白酒经双酿而成，纯属原浆，酒色橙红，品质优越，绵甜净爽，芳香自之，该产品多次获浙江省农博会金奖。山哈酒呈淡橙黄色，酒味甜醇和软，包装以当地畲山毛竹为材料，具有鲜竹香味，竹筒内竹膜含有人体所需的竹荪素，适量饮用，有益健康。山哈酒已经获得世界非物质文化遗产。

历史文化

早在明代，就有畲族人从福建迁往景宁包凤、敕木山一带居住。在这些半山腰中，原先都是汉族人住着，来了畲族人后，这一带成了畲汉杂居的村子，畲族人自称“山哈”，意为山外迁居这里的客人。畲族人勤劳、俭朴、好客，与当地汉人相处很好，哪家有什么事都会赶来帮忙。敕木山一带地处半山腰，常年云雾缭绕。有个叫刘力的汉族男青年一家和一个叫雷云的畲族男青年一家同住在一个村，俩人从小是朋友。雷云的父亲懂些畲药，村里人有生病痛的，都找他配些草药。

有一年夏天下午，刘力在田间劳作，突然乌云密布，下起了瓢泼大雨，刘力被雨淋得落汤鸡一般，身上无一寸纱干，刘力赶紧回家。不料，当天夜里刘力全身酸痛，发起低烧，刘力以为自己年轻力壮，躺躺便好，想不到这一躺便卧床不起，什么也不想吃，可愁坏了刘力父母。雷云得知，回家与父母说了此事，父母询问情况后，立即叫儿子送去家藏老酒让刘力喝，刘力喝后懵懵懂懂，就睡着了，一觉醒来，觉得全身舒服多了，他接着又喝了几次。竟然病好了。因这酒是山哈人家里拿来的，刘力就把这酒称为“山哈酒”。刘力上门感谢雷云父母，雷父告诉他，你那天是大热天被雨淋了，湿气中身，不用吃药，喝些畲家藏酒躯寒祛湿，病就好了。此后，刘力叫父母酿些酒藏起来经常喝喝，强筋壮骨，身强力壮。

“山哈酒”的名声渐渐大了，凡到畲家做客，畲家人总要让客人喝“山哈酒”，恭恭敬敬地用双手捧上一大碗米酒请客人品尝，这是畲家最高的待客礼节。初次做客还要喝三碗，人多时，倒酒还有凤凰三点头，喜酒席上，新娘还要喝敬酒歌。畲家一年四季，家家均酿有米酒，建房时有“上梁酒”；生日时要吃“生日酒”；定亲时要喝“定亲酒”；嫁女时要吃“嫁女酒”；娶亲时要吃“讨亲酒”，真可谓无酒不办事。通常，很多畲族家庭都会酿造“山哈酒”。

产品特色及前景

山哈竹筒酒因采用畲山毛竹包，酒入筒中两月后其量略有减少，酒精度会随竹筒吸收而下降，但不影响质量，而且酒味醇厚、清香。酒中若见少许沉淀或竹膜解物属正常现象，可以食用。山哈竹筒酒为畲乡怪酒，具地方特色。

畲族的酿酒历史渊源流长。据畲族文化研究专家考证，自南北朝以后，为躲避战乱而由北方中原地带迁往南方的客家人，就是向畲族先民学习酿酒技术的。畲族酿酒文化是畲族人民智慧的结晶，是畲族文化中不可或缺的部分。经过一千多年的迁徙传承和岁月洗礼，如今形成了畲家独特的酿酒文化与饮酒文化。

这种酒文化，深深地渗入整个畲族传统饮食文化，它是畲族文化中的重要内容。随着旅游业的发展，畲族酒文化将被越来越多的人所认知。

制作工艺

工艺流程：糯米饭制作→原料基酒→双酿加工→包装储藏→成品。

操作要点：

1. 原料

糯米、红曲、水。

2. 糯米饭制作

糯米浸泡后洗净，入饭甑蒸熟，然后把米饭摊开散热，降温至28～35℃，备用。

3. 基酒制作

将糯米饭和红曲、水以一定比例倒入酒缸中，搅拌均匀，放置发酵。第2d开酒头，即用酒木柄将浮于酒缸上的糯米饭和釉再拌匀。头3d每天搅动一次，之后不可再动，大约15d，饭釉慢慢沉淀，酒缸面上会漂浮着淡绿的酒水，畲民称之“缸面清”，待这些米釉沉淀完毕后，米酒酿好，后经蒸馏成白酒即为基酒。

4. 双酿加工

将白酒基酒调至28度，以此酒作水，和糯米饭、红曲基酒重新酿制，一个月后压榨、过滤。

5. 包装储藏

过滤后的米酒检验合格后装入竹筒中于阴凉处储藏，饮用时味醇可口，香味扑鼻。

千峡谷地瓜面

简介

丽水景宁九龙乡地区的红薯采用施有机肥、纯生态的种植方法，保证红薯原料的天然、无污染。红薯即地瓜，地瓜面其实即为红薯粉丝。千峡谷地瓜面的生产采用传统手工工艺，生产的地瓜面色白、质软、口感好。地瓜面含有丰富的淀粉、膳食纤维、β-胡萝卜素，以及微量元素等，营养价值较高。这些物质能保持血管弹性，对防治高血压、动脉硬化等心血管疾病十分有效。

历史文化

明朝末年，景宁县便有种植地瓜的历史，经过300多年的历史变迁，景宁九龙乡岭里逐渐形成家家户户种地瓜，做地瓜面的习俗。而千峡谷地瓜面采用传统的加工方法，只取中间层最优质的淀粉进行加工，保证了产品的优良品质。千峡谷地瓜面以其优良品质受到消费者的广泛欢迎，在电商平台、各大商场和超市均有销售。

产品特色及前景

红薯含有大量的糖、蛋白质、脂肪和各种维生素及矿物质，能有效为人体所吸收，补中益气，对中焦脾胃亏虚、小儿疳积等病症有益；红薯经过蒸煮后，部分淀粉发生变化，与生食相比可增加40%左右的食物纤维，能有效刺激肠道的蠕动，促进排便。红薯含有大量黏液蛋白，能够防止肝脏和肾脏结缔组织萎缩，提高机体免疫力。此外，红薯还具有消除活性氧的作用，活性氧是诱发癌症的原因之一，故红薯抑制癌细胞增殖的作用十分明显。红薯所含黏液蛋白能保持血管壁的弹性，防止动脉粥样硬化的发生；红薯中的绿原酸，可抑制黑色素的产生，防止雀斑和老人斑。

该地区良好的生态环境，保证了种植红薯的优良品质。传统的加工工艺保留了红薯的原汁原味，不添加任何添加剂，保证了产品的绿色纯天然。产品口感也得到消费者的广泛认可与好评，目前地瓜面产业在景宁以及龙泉地区做得风生水起，但是制作工艺需要加强规范化生产，形成一定的产业规模后，产业前景广阔。

制作工艺

工艺流程：红薯清洗→去皮→洗淀粉→晾晒→蒸制→晾晒→包装→成品。

操作要点：

1. 原料

番薯。

2. 清洗去皮

选择种植在景宁九龙乡的绿色无公害的红薯作为原料，进行挑选、清洗、去皮，备用。

3. 磨浆

将去皮后的红薯加水磨成浆，磨浆后渣水分离，薯渣加水洗浆一至两次，洗出的浆水一起并入磨出的汁液中，再静置，等待沉浆。

4. 洗淀粉

静置一段时间待淀粉沉淀后，将上层的清水去除，并倒入清水继续冲洗淀粉，静置沉淀，重复两次后，取出沉淀的淀粉晾晒至完全干燥，备用。

5. 蒸制

将晒干后的淀粉加水搅拌成糊状，进行蒸煮，蒸好呈圆饼状。

6. 刨丝晾晒

将蒸好的地瓜面进行适宜的晾晒，表面干燥后进行刨丝，之后晾晒至完全干

燥，包装，即为成品。

7. 食用

地瓜面可以直接炒制或煮汤，或烫火锅。

营养参考（每 100g）

能量（kJ）	1 404.48	维生素 B_1（mg）	0.03	视黄醇当量（μg）	3.00
蛋白质（g）	2.70	维生素 B_2（mg）	0.05	钠（mg）	26.40
脂肪（g）	0.20	尼克酸 VPP（mg）	0.20	钙（mg）	33.00
碳水化合物（g）	80.80	维生素 E（mg）	26.40	铁（mg）	10.00
膳食纤维（g）	0.10				

憨驴菜

简介

憨驴菜[*Doellingeria scaber* (Thunb.) Nees]，又名东风菜、山蛤芦、钻山狗、白云草、疙瘩药、草三七等，为多年生草本菊科，有地下茎，茎直立。广泛分布于中国东北部、北部、中部、东部至南部各省，生于山谷坡地、草地和灌丛中，极常见。憨驴菜叶呈现犁头状，叶片宽大而厚实，表面略显粗糙，叶边呈现宽锯齿形状。在景宁当地，憨驴菜是家喻户晓的特色农家菜肴，也是山里人家招待宾客的一道美味。

历史文化

相传很久以前，在景宁东坑、大漈、白鹤一带连续几年干旱，百姓生活困难。天上的八仙看到这里的旱灾后派张果老下凡给予帮助。张果老下凡后看到高山上的憨驴菜，就摘下来给驴吃，自己也拿来吃，他这么做实际上为了吸引村民过来。他告诉村民，这个菜洗干净后用水煮好即可食用。第二天，老百姓开始摘憨驴菜，拿回家煮，吃不完的就晒成菜干，大家就这样度过了一个旱年。此后，每年清明前后漫山遍野都能看到百姓们采摘憨驴菜，做憨驴菜干，憨驴菜就此成为景宁人民餐桌上必不可少一道美味[1]。

产品特色及前景

《中药大辞典》中记载：东风菜根和全草味辛、甘，性寒，具有清热解毒、祛风

止痛、行气活血的功效，主治毒蛇咬伤、风湿性关节炎、跌打损伤、目赤肿痛、咽喉肿痛等，民间将其作为抗癌药物使用，并用于治疗慢性支气管炎和毒蛇咬伤。现代药理研究表明，东风菜具有增强免疫力，抗肿瘤、抗病毒及降脂等活性，在中药临床和传统医学中有较大的应用价值[2]。集解志曰：东风菜生岭南平泽。茎高二三尺，叶似杏叶而长，极浓软，上有细毛，煮食甚美。因此憨驴菜可以说是一种食药两用的原料，由于鲜叶不易保存，加工成的菜干很好地解决了保存问题。目前憨驴菜干主要作为菜肴的辅料，在景宁以及丽水其他地区均有销售，但并没有形成产业化，原因是原料基本属于野生生长，没有大规模种植，因此可以考虑将资源集中，形成产业化的菜干加工。

制作工艺

工艺流程：采摘→清洗→漂烫→晾晒→成品。

操作要点：

1. 原料

憨驴菜。

2. 清洗漂烫

将采摘的新鲜憨驴菜在清水中反复揉搓，并沸水中漂烫至半熟，直到有土黄色的汁液熬出，主要是为了去除大部分苦味。

3. 晾晒

煮后的憨驴菜在清水中浸泡洗净。在太阳下暴晒，晒成干，然后密封保存，可存放2~3年。

4. 食用

将憨驴菜干在沸水中微煮，在清水中浸泡后便可食用。有凉拌憨驴菜、憨驴菜炒肉丝、憨驴菜烧猪脚等吃法。

营养参考（每 100g 鲜叶）[3]

水分（g）	76.0	膳食纤维（g）	2.8	维生素 C（mg）	28.0
蛋白质（g）	2.7	尼克酸 VPP（mg）	0.8		
碳水化合物（g）	16.0	胡萝卜素（mg）	4.7		

参考文献

[1] DB 331127/ T062.2—2015，景宁畲族自治县地方标准 .

[2] 蒋金和，邓雪琳，王利勤，等 . 东风菜化学成分及药理活性研究进展 [J]. 中成药，2008，10：1 517–1 520.

[3] 东风菜 . 百度百科 . http://baike.baidu.com/item/ 东风菜 /2100552.

英川薄壳田螺

简介

英川薄壳田螺，产于丽水景宁县海拔最高、水质较好、水温较寒的英川稻田中。英川独特的气候和天然无污染的自然环境使这里的田螺与其他田螺相比壳薄色亮，肉质更鲜美，营养更丰富。因此英川薄壳田螺是当地人民最喜欢的菜肴之一，如今的英川薄壳田螺市场更加广阔，成为最受旅游者欢迎的特色菜之一。

历史文化

传说很久以前，景宁英川一带山岭陡峭、树木茂密，但却没有田地。生活在这里的百姓以山上的野果和狩猎为食。有一天，天上的“五谷仙”路过这里，看到这里的百姓生活困难，便下凡垦田。在挖泥巴筑田埂时，心急如焚的他弄断了自己的左手小指。后来，百姓们在田里发现了很多能够松土的小生物，这就是如今人们餐桌上的美食——英川薄壳田螺。

产品特色及前景

随着丽水旅游业的不断发展，具有地方特色的英川薄壳田螺越来越受到旅游者的青睐，英川薄壳田螺市场紧俏，惹得众多宾客“只为田螺到英川”。

制作工艺

工艺流程：清洗→蒸煮→煸炒→成品。

操作要点：

1. 原料

英川薄壳田螺、色拉油、姜、蒜、盐、香菜、辣椒等。

2. 清洗

清洗田螺表面的附着物（淤泥或青苔），再放入清水泡养，期间不断换水，直至田螺吐净泥土。

3. 蒸煮

清洗干净的田螺放入沸水中蒸煮，并搅拌使田螺膜片脱落。田螺煮熟煮透后捞出，原汁备用。

4. 煸炒

在锅内加入油烧热，然后放入姜蒜煸香，加入田螺、盐，炒透入味后加入原汁、香菜、辣椒，煮沸即可。将田螺连汤汁装入砂锅煲，此时汤鲜柔嫩，即可食用。

营养参考（每100g）

能量（kJ）	232.70	膳食纤维（g）	0.14	维生素C（mg）	3.43
蛋白质（g）	2.60	维生素 B_2（mg）	0.05	钠（mg）	635.64
脂肪（g）	4.36	尼克酸VPP（mg）	0.57	钙（mg）	4.70
碳水化合物（g）	1.50	维生素E（mg）	1.24	铁（mg）	4.63

龙泉

特色食品

灵 芝

简介

灵芝为多孔菌科真菌赤芝[*Ganoderma Lucidum*（Leyss.ex Fr.）Karst.]或紫芝[*Ganoderma japonicum*（Fr.）Lloyd]的干燥子实体，性味甘、平，归心、肺、肝、肾经，具有补气安神、止咳平喘的功效，用于心神不宁、失眠心悸、肺虚咳喘、虚劳短气、不思饮食[1]。

龙泉市地处浙江省西南部，位于瓯江、乌溪江、闽江之源，境内山岭叠嶂，溪流密布，林木茂盛，空气清新，景色迷人，森林覆盖率达84.2%，好山好水出好芝，得天独厚的自然地理环境和阔叶林资源、良好的气候与土壤条件，造就了质地极佳的灵芝。椴木灵芝是龙泉市特产之一，灵芝朵形圆整、质地致密、比重大、底色好，具有较好的商品性。有效成分高，三帖类含量高于其他地方所产灵芝，总糖含量比一般灵芝高22.2%。

历史文化

灵芝历史文化悠久，龙泉自古就产灵芝，据龙泉县志记载，“建炎三年己酉冬十一月芝产前太常少卿季陵居屋”。季陵，龙泉城南宏山人，政和二年进士，建炎初从宋高宗至扬州任太常少卿。历代文人墨客撰写了无数诗词、楹联赞美龙泉[2]。

龙泉真正开始人工种植灵芝始于1992年，之后人工栽培段木灵芝技术在龙泉得到迅速推广。灵芝产业是龙泉市农村经济发展的特色产业，灵芝和灵芝孢子粉产量大、品质优，在国内外有很高的知名度。2014年，龙泉市段木灵芝年生产量达60 000m^3，年产干芝2 500t，产孢子粉1 200t，产值3.4亿元，占农业总产值（20.54亿元）的

16.6%。灵芝规模化基地面积占灵芝种植总面积的90%以上，以破壁灵芝孢子粉为主的二产产值达1亿多元，成为拓宽农村增收渠道、增加农民收入的重要产品[3]。

龙泉市具有丰厚的灵芝资源，是全国最重要的灵芝产地之一，1996年国务院经济发展研究中心授予龙泉市“中华灵芝第一乡”荣誉称号，2010年、2011年国家质监总局批准对“灵芝”“灵芝孢子粉”实施国家地理标志产品保护。

产品特色及前景

灵芝的品质特色是朵大肉厚、质地致密、孢子饱满、感官性好、有效成分高、重金属含量低、无农药残留。灵芝在申报国家地理标志保护产品时，上海市农业科学院将龙泉灵芝和孢子粉与国内同类产品的灵芝多糖含量进行对比检测，结果灵芝的子实体和孢子粉多糖含量分别比枝条灵芝和孢子粉高59%和9.9%，比棉籽壳灵芝高71.5%和204%；灵芝灵芝酸B含量为187.98μg/g，是其他地区灵芝的2.92～4.26倍；同时灵芝和孢子粉的砷、铅、汞、镉等重金属和农药残留明显低于相关标准（国家质量监督检验检疫总局科技司2010年第55号公告）[4]。

龙泉是全国十大食用菌主产基地县（市）之一。20世纪90年代，随着农业产业结构的不断调整，龙泉市委、市政府投入了大量的人力、物力发展段木灵芝生产，促进了灵芝产业

的快速发展。成功研制灵芝精深加工产品灵芝片、灵芝冲剂、灵芝精、灵芝酒、灵芝胶囊、灵芝孢子粉、灵芝面包、灵芝抗皱蜜、灵芝润肤露等，深受消费者青睐，产品运销韩国、日本、新加坡、美国、法国等国家。

参考文献

[1] 国家药典委员会．中华人民共和国药典（一部）[M]. 北京：中国医药科技出版社，2010：174.

[2] 李美媛，林火松．龙泉市灵芝产业发展的现状及前景 [J]. 食药用菌，2014（4）：211–213.

[3] 何建芬．龙泉市灵芝产业的资源优势及发展目标 [J]. 食药用菌，2015（5）：294–296.

[4] 叶纪沟，叶敏平，金瑛，等．灵芝破壁孢子粉的真伪优劣检定 [J]. 华医药杂志，2011，10（5）：51.

黑木耳

简介

龙泉黑木耳[*Auricularia auricula*（L.ex Hook）Underw.]，是一种特定出产于丽水龙泉市的黑木耳品种。2010年，中国食用菌协会发文授予浙江龙泉市“中国黑木耳之乡”荣誉称号。黑木耳实体呈弯耳形，具有单片耳片厚、色泽深、口感松脆、耐浸泡的品质。木耳呈黑褐色，味道鲜美，吃起来甚有口感，清脆爽口，营养价值极高，有“素中之荤”的美誉。黑木耳味甘性平，有排毒解毒、清胃涤肠、凝血止血、提高免疫力等功效。

历史文化

龙泉市栽培黑木耳有1 800多年的历史，是我国乃至世界最早开始人工栽培黑木耳的地区之一。1209年嘉定《龙泉县志》中就有关于黑木耳的记载：“大木以十数，几年所蔽覆，此柱其耳（黑木耳）乎。”龙泉市地属中亚热带季风气候，四季分明，雨量充沛，境内森林茂密，生态环境良好，环境空气质量达国家二级标准，地表水达Ⅰ、Ⅱ类水质标准，得天独厚的自然资源和生态气候条件成为栽培黑木耳的巨大优势。

20世纪30年代，龙泉人李师颐利用黑木耳孢子液喷洒接种的方法，为黑木耳袋料栽培技术研发和推广奠定了坚实基础。2003年，该市“仿生黑木耳”栽培技术取得重大突破，使产业发展速度达到空前水平。近年来，该市提出“优化结构、优化技术、发展精深加工，提高经济效益”的产业发展思路，出台扶持政策，安排发展资金，做好“良种化、标准化、产业化”文章，着力实施品牌战略，提升了黑木耳的知名度。目前，已经在北京、深圳、广州、上海、杭州等全国各大中城市建立上百个销售窗口，并出口欧美、东南亚各国，深受消费者青睐。

产品特色及前景

以龙泉为代表的丽水地区的黑木耳依赖于独特的地理优势和环境优势，使其比市面上其他黑木耳具有更优质的品质。目前黑木耳的干燥技术是整个黑木耳产业的瓶颈，解决黑木耳干燥技术，开发黑木耳专用的干燥机器将有助于黑木耳产业更上一层楼。

如今，黑木耳已经成为龙泉市独具地方特色的农业支柱产业，经济效益和社会效益显著，对农民增收致富起到了重要作用。2011年，龙泉市成功注册“黑木耳”商标。2013年，龙泉市出口食用菌质量安全示范区成功通过国家级验收，浙闽赣食用菌交易中心年交易额达30亿元。目前，龙泉市已成为南方最大的黑木耳产销中心。

生产流程：

营养基配置→装袋、灭菌→接种→培养→出耳管理→采收→晒干储存。

食用方法：

冲洗方法：用温水浸泡黑木耳，然后用手或者筷子撩一下木耳，让渗进木耳细缝中的沙子能尽可能地沉落到水中，这样吃起来才不会含沙。

凉拌：用温水泡发黑木耳，洗净，切丝，入水焯一下，用调味料拌匀即可食用。也可佐以莴笋、胡萝卜、海蜇等同食。

炖：泡发洗净后，与排骨、老鸭等肉类一起炖或煲。

营养参考（每100g）

能量（kJ）	856.9	维生素 B_1（mg）	0.2	视黄醇当量（μg）	17.0
蛋白质（g）	12.1	维生素 B_2（mg）	0.4	钙（mg）	247.0
脂肪（g）	1.5	尼克酸 VPP（mg）	2.5	铁（mg）	97.0
碳水化合物（g）	35.7	维生素 E（mg）	11.3		
膳食纤维（g）	29.9				

金观音

简介

金观音，产自国家级自然保护区——“华东古老植物摇篮”龙泉凤阳山北麓，产地峰峦叠翠，谷幽泉清，腐殖质深厚，重云积雾。金观音是选用乌龙茶的优良品种铁观音与黄金桂进行人工杂交，在杂交后代中选育而成的无性良种，具有铁观音的韵味和黄金桂的香气，独具“活、甘、清、香”特色，馥郁鲜爽，浓醇清活，生津回甘，虽浓饮却不见苦涩；活色生香，沁人心脾，胜似兰花郁香而深沉持久，素有“绿叶红镶边，七泡有余香”之美称。

历史文化

史载龙泉在三国时即已产茶。据《季氏宗谱》记载，五代十国时，龙泉人季大蕴曾赴闽地武夷山引茶，并建盘茶王殿，以供茶圣陆羽像；死后因广为传授种茶技术被吴越王钱氏封为农师，后人为纪念他引茶、传茶和种茶的功绩，在盘茶王殿陆羽像旁塑上了大蕴像。据《龙泉县志》记载，明成化年间岁贡“芽茶四斤”。清代张竹楠《梅簃随笔》载：“龙泉西南二乡，产云雾芽茶，每岁清明后谷雨前，县令发价采办，额定贡茶24斤，色味双绝”。清代诗人林撝在《茶厂谣》一诗中写道：“龙泉邑大二百里，邑里山山有茶树。”

龙泉于2004年从福建引入金观音品种试种，并在茶叶专业技术人员的精心指导下，试制出了品质上乘的金观音茶；2006年“金观音”茶通过了浙江省科技厅新产品鉴定，成为浙江乃至长三角地区第一只乌龙茶新产品；2007年12月龙泉市在杭州成功举办了“2007浙江龙泉生态茶——迎新茶会”，主推金观音茶，受到了领导、专家、消费者的一致好评，被誉为龙泉继青瓷、龙泉宝剑之后的“第三宝”。

产品特色及前景

金观音色泽黛绿，汤色金黄，滋味鲜爽，香气清高。金观音含有较高的氨基酸、维生素、矿物质、茶多酚和生物碱，有多种营养和药效成分，具有清心明目、杀菌消炎、减肥、延缓衰老、降血脂、降低胆固醇、减少心血管疾病及糖尿病等功效。

龙泉市“依托浙大、科技兴茶”，实施“绿茶、乌龙茶并举”的发展战略，逐步扩大茶园面积，且金观音特色茶面积也逐步增大。目前金观音实现标准化生产加工，质量稳定，且品种多样，受众广泛，市场前景广阔。

制作工艺

工艺流程：鲜叶→萎凋→揉捻→发酵→干燥→提香→包装→成品。

操作要点：

1. 鲜叶采摘

鲜叶要求一芽一叶至二叶初展，在采摘中要求做到五不采，即不采雨、露叶，不采冻害芽叶，不采病虫芽叶，不采紫芽叶，不采对夹叶及其他不符合标准的原料。

2. 萎凋

萎凋室内保持通风、干燥、清洁，配有除湿机等设备。鲜叶摊放在竹簟上，薄薄摊放，放置12～20h，多次轻翻至失水均匀、叶面缺少鲜叶光泽、吐露清香为宜。

3. 揉捻

萎凋后的茶叶放在茶叶揉捻机内进行揉捻，大约30min。

4. 发酵

发酵室保持温度25℃以及一定湿度，将揉捻后的茶叶摊放在竹筛上，放置于发酵室中2～3h。

5. 干燥

采用烘干机，设置温度80～90℃，

根据物料多少，干燥时间各有不同。

6. 提香

将干燥好的茶叶放置于烘干机中提香，温度100～120℃，时间10～30min，根据不同香气要求，选择不同提香温度和时间。提香完成后出叶摊凉、包装。

7. 泡法

紫砂壶或盖碗泡均可。第一道水洗茶，泡的时间不宜过久，第二道水为10～15s，往后可适当久一点。洗茶后的第一泡应在45s左右出汤，以后每泡顺延15s。水温为100℃。投茶量为茶叶与水的比例在1：3左右。

紫苏杨梅干

简介

龙泉紫苏杨梅干，采用新鲜杨梅晒制，加入龙泉当地紫苏制成。紫苏是龙泉人喜欢用的一种调料，经常用于烹调中，也会用于制作梅干等零食。杨梅干甜中带酸，紫苏祛寒增香，是一款生津开胃的零食小品，在丽水早已享有盛名，尝过的人都对它的美味赞不绝口，甜而不腻，又带着恰到好处的酸，肉厚，汁多，咬到嘴里，美味难挡，回味无穷。

杨梅[*Myrica rubra*（Lour.）S. et Zucc.]果中珍品，内含丰富的铁、镁、铜和维生素C、柠檬酸等多种有益成分。杨梅还具有良好的药理作用，它能帮助消化，利尿益肾，去暑解闷。具有养胃健脾，排毒养颜之功效，并能理气活血抗衰老，提高机体免疫力的功效。

产品特色及前景

紫苏杨梅干在杨梅中添加紫苏浸煮，使紫苏的味道充分渗入杨梅中，增加紫苏特有的香味。目前杨梅干增加不同口味如野生纯酸味、原味纯咸味、原味纯甜味和特色辣味等适应不同消费者的需要，最有特色的当属紫苏口味。但是紫苏杨梅干成品有湿态和干态，由于不添加任何添加剂，因此保质期较短，应该冷藏食用。

龙泉本地的杨梅种植范围广，品质高，这得益于龙泉的气候环境和土壤条件，龙泉低丘缓坡资源多，土层深厚，土壤有机质丰富，在生产环境方面具有得天独厚的优势。近年来，杨梅干随着返乡过年过节的龙泉人和外地游客走向全国各地。紫苏杨梅干在电商平台也已经打开销路， 作为龙泉特色食品，已经成了龙泉小吃里的“标签”，尝过的人都对它的味道赞不绝口，深受广大消费者欢迎。

制作工艺

工艺流程：盐渍→晒干→漂洗→糖煮→晾晒（烘干）→成品。

操作要点：

1. 原料

杨梅（最好在晴天采收，水分少、糖度高、颜色好；雨天采收的杨梅水分比较多、干制时间较长、糖度较低）、盐、紫苏、冰糖。

2. 盐渍

选择汁多肉厚的新鲜杨梅。将杨梅放入容器中，加入适量食盐，腌制，去除杂质和酸味。

3. 晒干

把腌制好的杨梅坯捞出，沥去盐液，置于阳光下晒干，备用。

4. 漂洗

将经盐渍的杨梅坯剔去坏的，浸于清水之中，每隔10min换水1次，连续进行3次，沥干。

5. 糖煮

把洗净沥干水分的杨梅坯放入锅中，加紫苏、冰糖蒸煮，直至汤汁黏稠。

6. 晾晒（烘干）

杨梅浸糖蒸煮之后，直接晾晒，或用烘箱烘干后，即可包装食用。

营养参考（每100g）

能量（kJ）	1 090.6	碳水化合物（g）	66.2
蛋白质（g）	2.5	钠（mg）	876.0
脂肪（g）	0		

酸枣糕

简介

酸枣[*Ziziphus jujuba Mill.* var. *spinosa*（Bunge）Hu ex H.F. Chow]又称山枣，是南方山区特有的一种野生植物。龙泉的酸枣糕，采用天然生长的酸枣经过蒸煮、去皮去核晾晒等工艺加工而成，成品色泽透明，美似琥珀，酸甜可口，具有酸枣滋味，口感韧软，营养丰富。酸枣糕作为一种休闲果脯类食品，是馈赠亲人、同事、朋友之佳品。

产品特色及前景

据《中华人民共和国药典》记载，酸枣具有行气、活血、养心安神、消食、醒酒、的作用。用酸枣富含果胶、氨基酸、钾、钠、铁、锌、磷、硒等多种微量元素，葡萄糖、黄酮、果酸、有机酸等天然营养成分。

福建省北部的武夷山等地与浙江省西南部的龙泉市宝溪乡接壤，这个地区是山枣树最多的地方。龙泉宝溪乡制作酸枣糕已有数十年，以前日子艰苦，但村民们还是会把枣树留下来，制作成酸枣糕来招待客人。现在天然的酸枣糕市场日益走俏，大家加强枣树人工抚育，使产果量倍增，每到秋分时节大家便忙着采收酸枣，只有熟透的酸枣才能加工出美味的酸枣糕。如今酸枣糕不仅在线下生意红火，在电商平台也越来越受到消费者青睐。

制作工艺

工艺流程：采摘清洗→蒸煮去皮→去核→加糖→晾晒→成品。

操作要点：

1\. 原料

酸枣、白砂糖。

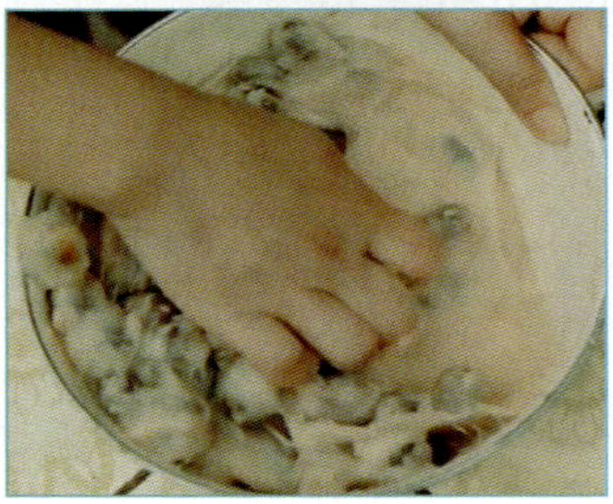

2. 采摘清洗

酸枣采收时，要求果实成熟度达90%以上，果实的果皮呈黄色，果实的硬度微软。将酸枣清洗干净。

3. 蒸煮去皮

将水煮沸，把洗干净的酸枣倒入。在煮果时，应确保果实的内部温度达到75℃以上，确保达到护色的效果。煮到果皮开裂时捞出，趁热剥去枣皮。

4. 去核

将剥皮后的酸枣进行搅拌和揉搓，将枣核挑出，并搅拌使酸枣的果肉变成枣泥。

5. 加糖

将白砂糖加入到枣泥中，继续搅拌均匀，备用。

6. 晾晒

将搅拌好的枣泥平铺晾晒，晒干后剪型包装，即可食用。

营养参考（每 100g）

能量（kJ）	1 501.9	碳水化合物（g）	85.2
蛋白质（g）	0	钠（mg）	20.0
脂肪（g）	1.5		

白笋

简介

白笋，又称珞笋、玉板笋，为山珍素物、食用上品，有“素火腿”称号。白笋以春笋为原料，通过去壳修整、高温蒸煮、压榨成型、自然晾晒或烘干等多道工序精制而成，是一种天然健康食品。每逢传统节日、家庭喜庆或贵宾到来，白笋都是一道必不可少的餐桌美食。白笋色泽金黄带玉色、笋衣重叠、笋质以嫩脆者为上。白笋按其质量形状分选为“凤尾”“羊角”“短尖”“羊片”等品级，其中以“凤尾”“羊角”为佳品。良好的生态环境，世代传承的制白笋技艺，优质的白笋千百年来誉满大江南北。

历史文化

龙泉是典型的山区，自古以来盛产竹笋。白笋的制作技艺属于群体传承，始于宋朝年间，有着悠久的历史。龙泉传统的白笋制作技艺分布在大部分乡村，其中龙渊街道石马村、徐山后村和道太乡锦安村等地的制作技艺十分悠久。龙渊衔道徐山后村家家户户传承了做白笋的技艺。在做白笋过程中，煮笋后取下的笋衣部分卷成筒状或摊平烘晒干，就成了“白皮”或“白皮心”。和猪肉一起烹煮，油而不腻，是笋干中的“珍品”。

产品特色及前景

白笋有丰富的蛋白质、氨基酸、钙、磷、铁。低脂肪、低糖、多膳食纤维的特点有助食、开胃之功效，可增进食欲、防便秘、清凉败毒。养生学家认为，竹林丛生之地的人们多长寿，且极少患高血压，这与经常吃笋有一定关系。白笋便于包装运输，且干度足够，耐贮藏，可以进一步研制成各种美味佳肴，如笋干烧肉、笋干老鸭煲等都是经典菜品。

白笋在江南一带，“独此一家”，独特的地方风味，上乘的质量，誉满大江南北，对研究传统饮食文化有着不可低估的价值。目前是特色农产品转化旅游地商品的转型阶段，相信依赖于旅游地商品的转型，白笋作为一种健康的特色产品前景广阔。

制作工艺

工艺流程：挖笋→煮笋→压榨→出榨→晒笋→成品。

操作要点[1]：

1. 挖笋

清明前至谷雨时节是白笋采挖最好的时期，挖笋要选择20～30cm长的春笋，并且边挖边去根须边剥壳，将鲜笋堆放在笋寮里的篾席上，然后用刀背将根部刮平并清洗干净。

2. 煮笋

将鲜笋放入锅内塞实装好，加盖加水猛蒸煮；蒸熟后，将熟笋叉出放入装满清水的桶中漂洗，随即将笋一个个捞起，用棍子自笋尖直戳到笋头，使笋节戳穿，散出内部的热气。

3. 压榨

笋必须先凉透，不然带热落榨，笋干容易发酵霉烂。首先，将榨围排好，放在榨桥或垫木上，圈下用板垫好，板上用清洁的大叶茅草或箬叶垫底，再把凉透的笋装入。装笋时，先把较次的笋身靠着圈板，沿板四周先放一圈，然后在圈内再放笋。第一层笋头向四边，笋尖向内；第二层笋头向内，笋尖向外。这样恰恰把第二层笋压第一层笋上。以此类推，第三、四层也按这样的方法放置。当第一个榨圈装满后，再装第二个圈，在榨圈的中部可以适当放多一些，使中间高起，避免因中间不实而发生空隙。装好后盖上盖板和枕木，再压上榨梁进行压榨。压榨时要逐步加压，开始几天勤加压，一般每天加压二三次，以后可多天加压一次，压榨时间大约为2个月。压榨结束后，就封榨待用。

4. 出榨

封榨后不能随意开榨，应看准天气才能开榨。出榨要选择一个晴朗干燥的天气，出榨后的笋干需修剪整理。

5. 晒笋

立秋前后是晒笋的最佳时机。开榨后，取出压扁的笋，一片片摊在篾席或石块上。第一天晒出后，不去动它，晚间也不收，等到第二天中午的时候再将笋翻晒。接下来，每天中午翻晒一次，晚上仍不收。直到第五天或笋半干时，将笋头压在笋尖上晒，这时每晚要收进。晒到九成干时就可以收进屋内，用板压放二三天使其回潮。然后再拿出晒四五天，使笋完全晒干。或者现在直接采用机械烘干。制作好的白笋不易腐烂变质，存放时间长。

营养参考（每100g）

能量（kJ）	819.3	膳食纤维（g）	43.2	钠（mg）	0
蛋白质（g）	26.0	维生素 B_2（mg）	0.3	钙（mg）	31.0
脂肪（g）	4.0	尼克酸 VPP（mg）	0.2	铁（mg）	4.2
碳水化合物（g）	13.9	视黄醇当量（μg）	2.0		

参考文献

[1] 李锦瑶 . 非遗技艺之——白笋 . 龙泉新闻网 [DB/OL].http://lqnews.zjol.com. cn/lqnews/system/2015/01/27/018979826.shtml.

安仁鱼头火锅

简介

安仁鱼头火锅，以其产出地“安仁”而名，系一方名菜，其以独特的风味、细嫩的肉质、浓厚的汤汁声名远播。安仁镇地处仙宫湖畔，盛产花鲢即鳙鱼，该鱼鱼头肥大。特别应该指出的是这道菜必须放一种龙泉独产的调味品——紫苏，它既可杀腥，又香气扑鼻，能引人食欲。鱼头含有蛋白质、脂肪、钙、磷、铁、不饱和脂肪酸等营养物质，常吃鱼头可提高脑神经细胞的活力。安仁鱼头火锅被评为“丽水市农家乐十大名菜”之一。

历史文化

安仁地处瓯江上游， 1986年瓯江这一段建成水库。该库区所处环境天然无污染，水库水深，且水质优良。该地区所产鲢鱼鱼大肉嫩，当地人就地取材，在公路沿线做起了鱼头火锅生意，为过往的司机顾客提供方便。短短20年，安仁鱼头名声远扬，备受消费者青睐。安仁鱼头也逐渐成为当地特色菜，并被传至丽水、温州、杭州、上海等地，很多游客都因安仁鱼头的美味不远千里来到安仁品尝地道的鱼头火锅。

产品特色及前景

安仁鱼头以其优质鲢鱼以及独特的调味品紫苏，两者味道相辅相成，使鱼头味道更佳鲜美，并赋予紫苏独有的清香味道。安仁鱼头这样一道地方名菜，一款特色风味，提高了安仁镇的知名度，甚至为这里的经济带来繁荣。越来越多的消费者不远千里来到这里只为品尝地道的安仁鱼头，这也为安仁鱼头未来产业的发展奠定坚实的基础。

制作工艺

工艺流程：原料前处理→油煎→蒸煮→成品。

操作要点：

1. 原料

鲢鱼头、卤豆腐、紫苏、酸菜、姜、蒜、盐、菜籽油、黄酒、酱油。

2. 煎鱼头

取新鲜鲢鱼头，鱼头挖腮洗净，在剖面涂上微量食盐，使咸味稍稍渗入鱼头，放入油锅中煎炸，半成熟取出，备用。

3. 煎豆腐

取土制盐卤豆腐一块，切成长片，稍炸去腥。

4. 蒸煮

姜丝、蒜粒放油锅煸香，放入鱼头块，加入豆腐、紫苏、酸菜、酱油、黄酒、少许温水，加盖用旺火焖烧5min，就可起锅，食用。

营养参考（每100g）

能量（kJ）	289.55	膳食纤维（g）	0.15	视黄醇当量（μg）	32.95
蛋白质（g）	7.78	维生素 B_2（mg）	0.02	钠（mg）	331.02
脂肪（g）	2.36	尼克酸 VPP（mg）	0.17	钙（mg）	266.74
碳水化合物（g）	0.84	维生素 E（mg）	1.05	铁（mg）	1.53

油老鼠

简介

龙泉小吃油老鼠，是丽水龙泉市颇具特色的一种面粉类的油炸食品，因形似老鼠，故叫油老鼠。面粉经过发酵搅成糊状，加各种不同馅料后，油炸至金黄，外酥里嫩，外皮似油条，油香扑鼻，松脆爽口，内馅清淳甘辣，妙不可言。

产品特色及前景

油老鼠外形似老鼠，吸引人的眼球。面糊采用老面发酵，味道更纯正。口感各异、松脆爽口。很多现在的80、90后小时候最喜欢吃的就是油老鼠，是一代人的回忆。油老鼠制作看似简单，其实做好吃并不易。面糊本身的制作以及做出惟妙惟肖的老鼠形状都是一门手艺。

而现在油老鼠这种传统的小吃在龙泉街头似乎不常见，只有在特定的时间和地点才能吃到，会做的可能也只有老人。在这种情况下传承传统的食品加工技艺以及做出适应现在口味的改良或许是油老鼠这种传统小吃发展的一种途径。

制作工艺

工艺流程：面糊制作→馅料制作→做型→油炸→成品。

操作要点：

1. 原料

面粉、老面（面娘）、豆芽馅（绿豆芽、辣椒、小葱）、色拉油、盐。

2. 面糊制作

将面粉、水和老面按一定比例混合搅拌成浆糊状，醒发一段时间，待用。

3. 馅料制作

豆芽：豆芽加辣椒和葱炒熟待用。

芋头丝：芋头丝加辣椒和葱炒熟待用。

萝卜丝：萝卜丝加辣椒和葱炒熟待用。

一般以这三种馅料为主，喜欢吃肉的可以加肉丝。

4. 做型

使用特有的制作工具：一块类似凸字形的带手柄的木板，平面部分20cm × 20cm。用木刀把面粉糊放在木板上摊平，放入馅料，再用木刀将面粉糊刮起合拢卷成老鼠状。

5. 油炸

做好形状后的油老鼠放入油锅滚炸，待饼色由白变金黄即可出锅，控油后即可食用。

营养参考（每100g）

能量（kJ）	900.87	维生素 B_1（mg）	0.12	视黄醇当量（μg）	0.90
蛋白质（g）	4.72	维生素 B_2（mg）	0.05	钠（mg）	522.34
脂肪（g）	8.62	尼克酸 VPP（mg）	0.98	钙（mg）	30.36
碳水化合物（g）	29.80	维生素 E（mg）	5.89	铁（mg）	1.81
膳食纤维（g）	1.02	维生素 C（mg）	5.40		

糟蟹

简介

糟蟹是龙泉特色风味美食之一。糟蟹使用的不是河蟹、江蟹，而是龙泉的特产——山坑溪蟹。虽然山坑溪蟹有骨无肉，但它连壳带骨都鲜美无比，糟、汤更妙不可言。有民谣曰：“山坑小蟹也横行，一经糟腌无比鲜。人间第一奇香味，天上神仙也垂涎！”

产品特色及前景

龙泉有句俗话：“十月酒家常有。”即每年十月，龙泉人几乎家家都要做老酒，封存两月，正好正月待客。更主要的原因是“做酒之意不在酒”，而在于“糟”。在秋收十月，农家要做各种糟类和咸菜，以备明年一年食用。龙泉糟类食品很多，诸如糟肉、糟肠、糟姜、糟芋、糟笋、糟黄瓜、糟茄干等。在这些糟类食品中，最具特色的当属糟蟹。

龙泉当地良好的生态环境造就了山坑小蟹独特的鲜美味道，虽然其大小与铜钱无异，经过糟制后蟹的鲜香与糟的酒香再融入辣椒的辛辣，使糟蟹汤汁都奇鲜无比，是一道令人馋涎欲滴的味觉盛宴。

目前龙泉市糟腌类食品很多，将这种糟腌工艺标准化、规范化，开发一种海鲜类的软罐头食品，也是糟蟹类食品的一种发展方向。

制作工艺

工艺流程：鲜活溪蟹→清水浸养→盐水浸泡→密封糟制→成品。

操作要点：

1. 原料

龙泉山坑溪蟹、盐、酒糟、红辣椒、蒜。

2. 清水浸养

选择鲜活的龙泉山坑溪蟹，在清水中浸泡，养1～2d，待小蟹吐出腹中废弃物。

3. 盐水浸泡

将养好的螃蟹，撕去肚脐，放置于盛有盐水的容器中，浸泡一段时间。

4. 密封糟制

将新鲜的酒糟、切碎的红辣椒、蒜等倒入盐水中，与蟹拌匀，立刻密封。否则活蟹经酒糟、辣椒、蒜和盐的刺激，会冲出盛器。

5. 成品

糟蟹密封1月个后，即可取出食用。成品兼具酒糟的清香和刺激的辛辣味。

营养参考（每100g）

能量（kJ）	393.13	维生素 B_1（mg）	0.07	视黄醇当量（μg）	259.60
蛋白质（g）	13.48	维生素 B_2（mg）	0.19	钠（mg）	800.20
脂肪（g）	2.38	尼克酸 VPP（mg）	1.23	钙（mg）	87.31
碳水化合物（g）	4.17	维生素 E（mg）	4.58	铁（mg）	2.34
膳食纤维（g）	2.28	维生素 C（mg）	0.37		

生粉粿

简介

生粉粿又称山粉粿、山粉丸，是浙西南地区龙泉地地道道的特色美食。生粉粿通常是由农家自制的手工红薯淀粉为主料，与肉末、香菇、豆腐、香葱等混合蒸制而成。山粉粿荤素搭配，营养均衡，是龙泉游客饭桌上的必备菜品。

产品特色及前景

生粉粿原料采用农家自制手工红薯淀粉，味道更纯正，猪肉、豆腐、香菇、竹笋等各种馅料的配合，使生粉粿口感更加丰富、营养更均衡。

在浙江龙泉，无论是逢年过节，宴席请客，生粉粿都是一道必不可少的家常菜，以前生粉粿的山粉是由蕨根清洗压榨沉淀而成的，现在大部分用红薯淀粉代替。而生粉粿的食用方式颇多：红烧、清炒、火锅，口味颇佳。生粉粿如今已经成为龙泉的一道招牌菜，手工做成的一个个圆形的生粉粿挑战食客的味蕾，备受广大游客的喜爱。

制作工艺

工艺流程：馅料制作→山粉糊制作→做粉团→蒸制→成品。

操作要点：

1. 原料

红薯淀粉、猪肉、豆腐、笋、香菇、小葱、虾仁、酱油、黄酒、盐等。

2. 馅料制作

将猪肉末、豆腐、笋粒、香菇粒、小葱、虾仁及酱油、盐、黄酒等佐料一起混合拌匀，备用。

3. 山粉糊制作

取红薯淀粉碾细，加适量水拌和成糊状，备用。

4. 做粉团

将馅料和山粉糊混合，搅拌均匀，揉搓成大小一致的小粉团。

5. 蒸制

将粉团放置于蒸笼，大火蒸熟后即可直接食用，也可汤食或炒食。

营养参考（每 100g）

能量（kJ）	681.21	维生素 B_1（mg）	0.05	视黄醇当量（μg）	1.51
蛋白质（g）	4.13	维生素 B_2（mg）	0.05	钠（mg）	168.92
脂肪（g）	5.59	尼克酸 VPP（mg）	0.89	钙（mg）	28.16
碳水化合物（g）	24.04	维生素 E（mg）	7.89	铁（mg）	3.67
膳食纤维（g）	0.48	维生素 C（mg）	0.43		

青田

特色食品

山粉面

简介

山粉面，即为番薯粉面，青田东源等地称为金粉面，淀粉制品，用新鲜番薯打浆制粉后，蒸熟刨切制形后晒干而成的淀粉面制品。山粉面耐煮，煮后具有韧性好、筋道爽滑、口感细腻、色泽自然，加工过程无添加任何辅配料添加剂，天然绿色，可煮可炒，也用于火锅涮烫吃，非常受消费者的喜爱。

丽水地处山区，自古有种植番薯的习惯。据统计，2014年丽水市产番薯3.81万t，其中青田以种植面积1 331hm^2，产量8 397t为首。勤劳而智慧的山区人民把番薯加工成各种食物，山粉面便是其中非常受欢迎的产品之一。农民在新鲜番薯产出季节将其制成番薯粉，至冬季农闲时节加工山粉面，留作主食下一年备用，即把番薯及时加工制粉以免腐烂损失，错开生产方便保存，又能以新面貌丰富餐桌，一举多得。山粉面一般用来作待客点心和摆酒席做菜，田鱼干炒山粉面已成为青田著名具地方代表性的特色菜肴。

产品特色及前景

山粉面主副食兼用、老少皆宜,是山区人们日常生活之必备品。得益于山区的独特环境和天然气候，青田出产的番薯块根肥大，淀粉含量丰富，而且由于生产管理简单，番薯无农药、化肥污染，所制的山粉面不含色素，保持天然本色，具有晶莹纯净、经久耐煮、不浑汤、不断条、柔软可口的特点。另外在烹饪山粉面时，一般会加入大量的当季新鲜蔬菜和肉类，营养丰富，山粉面这种薯类食品作为主食亦是低脂肪的健康食品。不同于其他地方的大块蒸后刨丝的番薯粉面，用青田传统工艺制作而成的山粉面，具有更晶莹剔透、耐煮、不糊不断的独特品质。近些年青田通过地方政府与合作社共建，拓宽销售渠道，提高市场知名度，使山区的农家货成为现代城市餐桌上的佳肴。不但在温州、杭州、上海等国内城市销势非常看好，而且通过青田华侨，使具有地方特色的“金粉面”走向世界，享誉海外。

制作工艺

工艺流程：新鲜番薯→清洗→磨碎洗浆→晒干成粉→加水搓团→蒸熟→拍扁→晾

晒→切丝→团团晾晒→成品。

操作要点：

1. 新鲜番薯原料处理

优质新鲜番薯，刷去外皮粘着的泥沙，清洗干净，切去头部茎茬，挖去机械伤口、虫洞等，备用。

2. 磨粉沉浆

将洗净处理好的番薯放入磨粉机加入水进行磨碎。渣水分离，薯渣加水洗浆1～2次，洗出的浆水一起并入磨出的汁液中。汁液倒入稻桶内，静置，等待沉浆。

3. 晒粉过筛

等浆液分层，且底下粉层结硬后倒去上层清水，粉层取出，放进洁净的竹箕或其他容器中暴晒，直到粉块可用手轻松捻碎成粉，过米筛，继续晾晒到完全干燥。

4. 搓团

取制好的山粉于面盆中，加入适量的开水，边加边搅拌，拌匀，倒入案板上进行搓揉，将粉团搓拢成馒头形，再用擀面杖（面子擂）擂开，成厚度1cm左右的山粉面饼。

5. 蒸熟山粉馍

镬锅灶里，猛火烧沸，将山粉面饼放进竹或铁丝作的（簇葛箪）蒸笼中蒸。

6. 拍扁

猛火约5min后，待山粉饼明显成熟，表皮颜色由灰转黑色，表面不粘手时取出，放入米筛，用手趁热拍打成薄饼，如米筛大小，移至室外吹风。

7. 晾晒

薄饼在露天吹风半个小时后，等该饼外表有些硬了，不粘手，将它拍下米筛，转移至竹竿上，晾晒至薄粉饼表面干燥，中心还较软易于卷收时，将它捲拢，收回内室。

8. 切丝

卷收半软的薄粉饼卷成长条放在案板上，用菜刀切成薄片，尽量细心切薄或均匀，再将薄片用手抖开。

9. 晒面

20条面丝用手拢成束，再捲一个较结实的面球形，放到竹箕上晾晒（腊冬约需3d）至完全干燥，以防腐烂，收装后即为山粉面的成品。

营养参考（每100g）

同地瓜面。

糖 糕

简介

糖糕是浙江青田地区一种独特的汉族传统年糕，是青田最具地方代表性的特色传统食品。这种以糯米、猪肉、红白糖为主要原料，采用传统的长时间蒸制而成的糖糕，是当地春节和元宵期间最主要的甜品，也是过去男子迎娶媳妇的必备聘礼。糖糕品种多样，一般是糯米粉加糖，叫糖糕；掺些番薯丝，叫做番薯丝糕；中间夹些五花肉，叫肉糕；还有可以随自己口味加点花生、红豆、红枣和桂花等，品种繁多，口味各有独特之处。

历史文化

传青田乡贤刘伯温老先生当年为了平叛、防止方国珍的骚扰，组织民团，通过鱼灯舞进行兵法阵图军事训练，以保境安民，作战时要带干粮，便在民间年糕的基础上，改良制作方法，做成“糖糕”，无须烧煮煎煸带在身边随时可以食用充饥。由此，这糖糕就和“天下第一鱼”的“鱼灯”结下了不解之缘，到了太平盛世，青田人民在终年劳作之暇的腊月初春，就把鱼灯和糖糕作为春节、元宵节最主要的家庭与社会活动内容了，还把糖糕定为男方送给女方的必备婚嫁聘礼，表示步步高升、年年有余，或甜甜蜜蜜、团团圆圆等吉利的好彩头。

产品特色及前景

糖糕具有甜而不腻、油而不肥、软而不粘的特点，口感独特、色泽金黄，被人们当作过年过节的最佳礼品。目前糖糕在青田地区已经有规模化和标准化的生产，已经开发出多种口味的产品，适应市场需求。

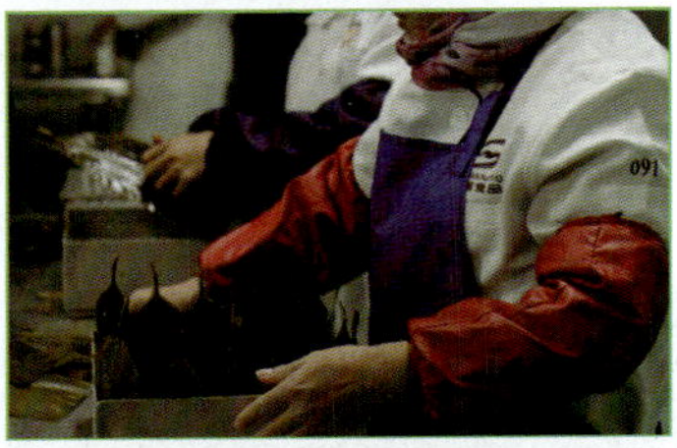

制作工艺

工艺流程：浸泡磨粉→磨浆→蒸制→冷却、切割→成品。

操作要点：

1. 原料

糯米、粳米、红糖、五花肉、花生。

2. 浸泡磨粉

糯米、粳米按照5∶5或6∶4（或其他）比例混合，浸泡8～24h，磨成米浆。

3. 磨浆

米粉中加入红糖（白砂糖）（米粉和糖比例10∶4～5），和水，其中米粉混合物与水的比例为1∶2，不时搅拌，使其成团，富有韧性。

4. 蒸熟

把洗净的箬叶经烫漂后，叠铺在蒸笼中，倒入米浆，再放一层五花肉、花生、橘皮之类，依次放三、四层，蒸制一段时间，期间不停向锅内加水，防止烧干。

5. 冷却、切割

将蒸熟的糖糕置于通风处冷却，切割成小块即可食用。

营养参考（每100g）

能量（kJ）	1 141.6	碳水化合物（g）	46.5
蛋白质（g）	4.7	膳食纤维（g）	2.6
脂肪（g）	5.4	钠（mg）	6.0

蒲瓜干

简介

蒲瓜干，即蒲瓜经脱水所得的干制品。蒲瓜[*Lagenaria sciceraria*（Molina）stardl.]，我国常见的一种瓜类蔬菜，属葫芦科，南瓜族，具有清心热、润心肺、除烦渴、利小肠、利水消肿、通淋散结等功效。丽水农村有自发晾晒蔬菜干的习俗，蔬菜干也是品种多样。一般的蒲瓜干为切薄片后自然晾晒成干，此种蒲瓜片干燥后收缩呈曲，体积膨松，软而棉性，呈白色或灰白色，边上泛黄绿色，浸泡后口感柔软，味道鲜美，市场上较为多见。但在青田、云和等地有将蒲瓜整体制干的产品，即将嫩蒲瓜整体煮制后压制烘干，需食用时取出浸泡至软，切片炒食，口味独特。

产品特点及前景

蒲瓜干片较为常见，美味但有着体积膨大、产品贮藏易变色、易受潮发霉、易被虫蛀等问题。而整体型制成的蒲瓜干产品为一个整体，呈扁平椭圆形状，厚约1cm，质地均匀，浸泡切片炒食口感软韧，极有嚼劲，味道鲜甜，外形独特，体积小非常便于存放，而且由于整体压制坚实，非常耐贮，可放经年不变。独特的造型，方便贮藏以及鲜美耐嚼的口感使整体型的蒲瓜干具有很好的市场竞争力，特别适合作为地方特色、旅游产品销售开发。

制作工艺

工艺流程：去皮→煮制→压制→烘干→匀湿压制→复烘→成品。

操作要点：

1. 原料选择

取开花后10～15日龄的新鲜蒲瓜作为原料备用，新鲜蒲瓜的重量为450～550g。

2. 去皮

用刨刀将新鲜蒲瓜的外皮削去，将去皮蒲瓜置入清水中浸泡，浸泡时间为1～3min。

3. 煮制

将浸泡后的去皮蒲瓜置入水中进行煮制，温度为95～100℃，煮40～50min，到软熟状态，即用筷子能轻松插透蒲瓜。

4. 压制

取出煮好的去皮蒲瓜，在尾部采用竹签自下而上依次扎4个孔，然后在去皮蒲瓜的侧面扎孔，扎孔完毕后将去皮蒲瓜置于排水顺畅的平台上并排列整齐，用大石或机械压制约10h，至蒲瓜明显扁平。

5. 预烘

将压制后的蒲瓜置炭炉上慢烘，温度为50～55℃，烘至蒲瓜干表皮干硬，手摸外硬内软，呈扁形。此步骤注意经常翻面。

6. 匀湿压制

将预烘完成后的蒲瓜置于阴凉通风处自然冷却到室温，也可加压以获取更好的扁平形。

7. 复烘

将匀湿压制完成后的蒲瓜继续慢烘，烘干温度可较预烘稍微提高几度，烘至蒲瓜干整体发硬，手压如木板手感，两块相击时声音清脆即可视作全干。

8. 贮存

蒲瓜干应存放在阴凉通风处，尽量密封。作为商品出售时可以真空包装封装。

9. 食用

蒲瓜干食用前应充分浸泡至瓜体柔软，冷水浸泡时间约为12h较宜。

营养参考（每100g）

能量（kJ）	915.42	膳食纤维（g）	18.10	钠（mg）	36.30
蛋白质（g）	4.30	维生素 B_1（mg）	0.05	钙（mg）	114.00
脂肪（g）	1.80	维生素 B_2（mg）	0.03	铁（mg）	8.00
碳水化合物（g）	46.50	尼克酸 VPP（mg）	1.40		

注：以国家营养成分表葫芦条（干）计

麦饼

简介

麦饼，浙江省较为知名的传统面食，在全省各地均有食用的习惯。对于丽水来说，青田的麦饼也是其中比较独特的一种。麦饼，当地也称大饼，一般为咸口，霉干菜、咸菜、青菜、豆腐、肉丁、萝卜、鸡蛋均可入馅，也有加入熟虾皮、香干的，以死面（未经发酵的面团）为皮，擀成团扇大小，文火烙熟，皮薄馅足，味鲜香酥可口。也有包入白、红糖、芝麻等做成甜口的麦饼。地道的麦饼以梅干菜加肉丁为上，肉需有肥有瘦，肥肉化开香味浓郁，瘦肉鲜美多滋，让人不能停口。在青田，手巧的主妇在家经常做些麦饼，可作家里日常主食，二则也是招待客人的特色。以往在农村，农忙的时候常常带上几只麦饼去田头干活，当干粮。现在在青田，卖麦饼的摊位较多，买上几张麦饼充饥解馋已经很是方便。

历史文化

麦饼在浙江流传甚广，相传南宋初，金兵大举伐宋，奸相秦桧对侵略者纳币称臣，苟且偷安，对抗金名将却一味打击。广大爱国军民对秦桧的卖国行径恨之入骨，于是将麦粉和油放进烘缸里烤制而成。起名曰麦缸饼（卖国饼），此饼别有风味，松脆喷香。往来旅人常备为干粮，时间久了就叫成了麦饼。

产品特色及前景

浙江浦江、仙居、温州等地麦饼都较为出名，现基本以本地现做现卖为多，有少量通过网络销售。以往青田农家都是在烧柴灶的铁锅里烙麦饼，小火慢烙，饼面涂上自家产的山茶油，放在铁锅上两面轮换着烙熟。现在一般用专用的饼铛或高压锅等代替，方便快捷，制作也更为简单。作为传统的面食点心，麦饼在许多青田人心中有着

不可取代的位置，做饼吃饼的习惯甚至还伴着华侨的步履传到了世界各地。随着现在网络、快递及冷链运输等产业的发展，麦饼也跟着走到外面，现做现发，第二天即可到达客户手中，稍稍加热，远在外乡的人们就可以尝到家乡的美食。

制作工艺

工艺流程：和面→饧面→备馅→包馅→擀薄→烙熟→成品。

操作要点：

1. 原料

面粉、水、盐、油、馅料[梅干菜（以芥菜干为佳）、肉丁、料酒、白糖、色拉油、味精等]。

2. 和面

温水放盐溶解，慢慢加到面粉中，边加边用筷子搅拌，至面呈雪花片状，放置，让面粉吸会儿水。将面粉揉成团，加少许油，揉光揉透。麦饼的面团要偏软，推荐面粉500g，盐5g，温水275g，油少许，油为可选项，加少许油在面团中可使饼皮更脆。

3. 饧面

揉好的面团加盖湿布，放旁边饧半个小时以上。

4. 备馅

梅干菜清水清洗，挤干水分，切碎。梅肉切丁，肥肉切小粒，按干菜的口味调味，加适量盐、料酒、白糖、味精、色拉油（喜欢吃葱的可以加点葱末）搅拌均匀。

5. 包馅

把饧好的面粉分成等量的面团，单个面团约为200g。把皮滚出中间厚两边薄，用包包子的手法包入馅料，捏紧包口朝下。

6. 擀薄

案板撒薄面，包好的饼胚先用手按压均匀，然后用擀面杖擀开。麦饼一般较薄，直径约为30cm，饼胚擀圆至厚约半公分厚薄均匀的状态。

7. 烙熟

饼铛或平底锅烧热，加少许油或不加油，饼胚放进锅中，摊平，文火慢烙，待一面烙黄，翻面，两面反复翻转，至饼体膨起，充分烙熟为止。

营养参考（每 100g）

能量（kJ）	1 152.01	维生素 B_1（mg）	0.17	视黄醇当量（μg）	8.96
蛋白质（g）	9.03	维生素 B_2（mg）	0.10	钠（mg）	909.01
脂肪（g）	13.89	尼克酸 VPP（mg）	1.83	钙（mg）	14.61
碳水化合物（g）	28.67	维生素 E（mg）	1.36	铁（mg）	1.35
膳食纤维（g）	2.42				

杨 梅

简介

杨梅[Myrica rubra（Lour.）S. et Zucc.]，我国南方亚热带的重要特色水果之一，青田农业主导产业之一。在青田有着悠久的人工栽培种植历史，所产青田杨梅果质酸甜可口，且营养丰富，宜鲜食，亦可加工浓缩果汁、罐头等。其中“山鹤”杨梅早熟、果大、形美、味佳，素有“乒乓杨梅”之称。其可溶性固形物12%左右，最大单果重72g，平均25g以上，紫黑色、肉柱充实、无肉刺、肉质细软、汁多、风味浓郁、核小，外形美观，色泽鲜艳，酸甜可口等特点被农业部检测机构评定为极优果品，在中国国际农博会上被认定为名牌产品，浙江省农博会金奖农产品。杨梅是青田农业增收的一张靓丽“金名片”。全县已形成“三带一区”杨梅产业布局（包括瓯江流域、小溪流域、高山地带和鹤城杨梅产业示范区），培育了瓯南街道白浦村、仁宫乡孙前村等一批杨梅专业村、上千户杨梅专业大户、50余家专业合作社、10多家农业企业，组建有青田县杨梅产业协会。

历史文化

杨梅栽培历史悠久，据清光绪《青田县志》载：“杨梅有红、紫、白三种，红胜于白、紫胜于红，产季窟（季窟寮）者佳；有下坑梅、魁市梅、茶山梅、黑炭梅等传统品种，其中魁市梅成熟早，下坑梅品质最佳，享有盛名。”可见，光绪年间，青田农民种植杨梅已较为普遍，并具有一定的名气。21世纪以来，各级农业部门致力于推广杨梅标准化栽培技术，取得显著成效，当地梅农已经熟练掌握杨梅生物学特性，在整形修剪、绿色防控、土肥水管理及产后冷链贮运等方面颇具经验。杨梅大棚促成栽培、杨梅网室栽培、杨梅避雨栽培等技术在杨梅主产区也得到很好的示范和应用[1]。

产品特色及前景

青田县属亚热带季风气候，温暖湿润，四季分明，具有得天独厚的杨梅生长自然环境，凭借逐年提升的品质，培育的杨梅质优、果大、味美，在各类农产品评比中出尽风头。杨梅已经成功入选全国名特优新农产品目录，青田县获“中国杨梅之乡”“全国杨梅标准化示范县”称号，杨梅获浙江省名牌农产品称号，连续7年被浙江省农博会评为金奖产品，多次获浙江省十大精品杨梅称号，荣获全国十大精品杨梅金奖，稳居浙江农业吉尼斯东魁杨梅擂主位置，夺华东十大杨梅王头魁。

青田县自2001年以来已经连续15个年头举办杨梅节，通过杨梅开摘节、吃杨梅大赛、杨梅形象代言人评选、杨梅推介会、展示展销会等系列活动，提高杨梅知名度和市场占有率。杨梅已成功打入温州、义乌、南京、杭州、香港等地市场，还献礼中南海，出口欧洲。

杨梅依托生态优势，走生态精品发展之路和全产业链发展之路。加强产、学、研合作，以科技为支撑，规范杨梅鲜果挑选分级、采后预冷、贮藏保鲜、包装与运输等商品化处理环节，提高产品附加值。稳步推进农产品加工园区建设，鼓励加工企业发展，为企业技术创新、加工设备引进、厂房建设等提供支持，鼓励企业由单一果品加工延伸至多个产品加工并行，不断提高企业加工能力和加工范围，避免生产周期短造成的高成本低利润现象。依托产业资源优势，科学规划，精心设计，集中整合资源，集中建立1~2个具有观光、品尝、体验、休闲、度假、教育等多种功能的杨梅休闲观光农业园区。

参考文献

[1] 邹秀琴. 青田杨梅产业发展优势、存在短板及对策建议[J]. 浙江柑桔，2016，33（3）：36–39.

海溪粉干

简介

粉干，米制品，以大米为原料，浸泡磨粉后蒸熟挤压成丝条状干制而成，是南方大米种植区的特产。早年粉干在丽水多地均有生产，后慢慢消退集中，现海溪粉干产业以品质佳、销量大为最知名。海溪粉干色米白细嫩、入口不粘、柔软爽滑、米香浓郁等特点而颇负盛名，其独特风味深受人们喜爱。海溪粉干基本保留传统手工制作工艺，粉干质地柔韧，具有水煮不糊汤，干炒不易断等特点，配以各种菜料或汤料进行汤煮或干炒，爽滑入味，是山区民众非常喜爱的日常或宴席主食之一。粉干是丽水人自小熟悉的味道，米饭、面条、粉干堪称山区人民的三大主食，不仅青田人，应该是对所有的丽水人来说，传统手工粉干还原了记忆中最纯粹的味道。

海溪乡地处大山中的天然盆地，属于青田三大盆地之一，海溪水资源丰富，气候适宜，自古多为种植水稻，稻谷品质超群，为粉干的制作提供了优质的原料。海溪乡人口集中，四面环山，也为粉干晾晒提供了干净、宽敞的天然晒场。天时地利使海溪粉干产业得到长足发展。数百年制作方法的沉淀和传承，使得“海溪粉干”成为一张“金名片”。

产品特色及前景

海溪粉干是青田的传统拳头农产品，自古久负盛名，曾占据全省粉干市场份额的80%以上，海溪还因此被称为“粉干之乡”。现在海溪粉干产业在政府的引导下，守住传统，立足传统优势，取长补短，让产业转型升级，拓宽市场。除了传统作坊的改造外，还引进流水生产线，改良包装，提升品牌形象，带动并促进海溪粉干产业结构调整，提高粉干品质及附加值。在市场方面，海溪粉干进一步开拓国内市场，并且发挥青田华侨之乡的优势，漂洋过海，走向世界。

制作工艺

工艺流程：（部分机械化生产工艺）选米→浸泡→磨浆→搅拌冲浆→蒸制→挤压出丝→蒸熟→整形→晾晒→包装。

操作要点：

1. 原料

传统的手工粉干一般采用直链淀粉高的早米为原料，大米需去杂去沙。

2. 浸泡润米

浸泡润米包括洗米（去杂）、浸泡、润米等工序，洗净大米中的糠碎等，沉降去沙石。一般情况下，浸泡半小时，润米1~2h。由于气候温度、湿度及大米不同等原因，需根据实际情况处理。可用于将米粒轻轻研磨。如能成粉且没有明显的颗粒状感觉，则说明浸泡、润米到位。

3. 磨浆

在润好的大米中加入少量湿的粉干碎料作为酵头，一起用机械磨成湿粉，粉粒要求水分均匀，至“手握成团，稍碰即散”的状态。

4. 搅拌冲浆

冲浆即是将米粉通过机械挤压成较为松散的颗粒。将磨好的米粉充分搅拌搓匀，放入挤压机械，进行冲浆挤压。冲浆后的颗粒要求结构松散，表面起毛，粗细长短适中（粗8~10mm、长30~40mm），且出机后不能停放太久，以免表面干燥结膜，影响蒸料效果。

5. 蒸制

将挤压好的颗粒状米粉置于蒸格中蒸制。蒸料就是使物料在蒸汽的作用下，升温至熟化，提高压榨效果。蒸制要求湿度

高而均匀，蒸汽充足，在保证熟度的前提下，尽量缩短蒸料时间，可以保证成品质量稳定。蒸料时间控制在5~8min为宜。

6. 挤压出丝

出丝又叫出条，是从大米到制成粉干的定型阶段。挤压出丝要保证粉干出机时无结巴并条，表面光滑洁白且透明度高。转速、压力对粉干质量影响很大，要求配备得当。如果压力不足，压制的粉干就会色泽暗淡，筋度不够，并出现夹生味道。挤压出丝后用锋利的剪刀剪切成固定的长度，置于蒸笼中。

7. 蒸熟

挤好的粉干胚需要进行第二次蒸煮，蒸至粉干熟透。传统的手工粉干需在笼格中蒸近两个半小时。

8. 整形

蒸好后的粉干胚剪切成合适的长度，趁热进行松散。将粘结的地方用手搓散，取每把3两左右的粉干胚用竹筷在离头部约6cm处撩起，将两侧剪过的端口朝下，整形成规整的长方形，置于晾晒筛架上。

9. 晾晒

粉干置于筛架上进行充分晾晒，晒至八九成干时就收回晾干。

10. 包装

传统的海溪粉干用稻草系扎，取两饼晒好的粉干，卷有剪头的一面两两相对叠放，中间用稻草系扎，形态优美。

营养参考（每100g）

能量（kJ）	1 446.3	脂肪（g）	0.1	膳食纤维（g）	0.1
蛋白质（g）	8.0	碳水化合物（g）	78.2	钠（mg）	5.9

田鱼干

简介

田鱼，为可观赏、鲜食、加工同用的彩鲤品种，养于稻田水渠中，形态美观，肉质细嫩，味道鲜美，鳞片柔软可食。田鱼干，以新鲜田鱼为原料，经剖半、腌制、蒸煮、熏制等工艺，制成表面焦黄、鱼肉琥珀、鲜香浓郁的圆形鱼干。田鱼干是青田人的美味圣品，可直接当零食，入口浓香，香脆可口，营养丰富，含有大量的粗蛋白、微量元素和人体必需氨基酸，亦是宴席上重要的特色菜肴，一味田鱼干炒山粉面是青田独特著名的待客点心。地道的田鱼干区别于市面上大部分鱼干的特点，就是其骨刺已被烘烤得酥脆，鱼鳞亦可食用，整条鱼干可以连皮带骨直接食用，皮脆、肉松、骨酥、味香，口感极好。过去，田鱼干炒粉干是青田款待贵客的上好点心，田鱼干的香脆酥配上粉干的软糯可口，连荤带素，可当主食亦是菜肴，现已成为青田名菜之一。

田鱼作为鲤鱼的变种，经过长期在稻田中养殖，较普通鲤鱼性呆驯，不爱跳跃，不易逃逸，具有食性杂，繁殖力强，成活率高，生长迅速，肉质细嫩鲜美和营养丰富等优点。适应性强，即使水浅，露出半个鱼背在水面上，它也能以腹贴泥，用两个胸鳍在田面“爬行”自如。青田山水资源丰富，水质清澈，山水流经稻田，田鱼在稻田中吃杂草、害虫，松土增氧，保肥增肥，改善水稻的生长发育，促进水稻的分蘖。田鱼在清澈的水质中生长，虽出自稻田而无泥腥味，肉质细腻，而且鱼鳞软化兼可食用，品质超群。

历史文化

青田有着悠久的田鱼养殖历史，据报道自唐睿宗景云二年（公元711年）置县以来就已存在，至今已有1 200多年。1999年，青田龙现村被国家海洋总局认定为“中国田鱼村”。2005年，青田以“田面种稻，水体养鱼，鱼粪肥田，鱼稻共生，鱼粮共存”等特点的“稻鱼共生”系统，被联合国粮农组织认定为5个古老的农业系统之一，作为世界农业遗产进行保护。“田鱼”被国家工商总局商标局核准注册地理标志证明商标。

产品特色及前景

青田多地都有熏晒田鱼干的传统。逢年过节，请客送礼，田鱼干被视为珍品，不仅畅销周边县、市、省，而且走出国门远销全世界。青田在国内的经商者有15万人，海外华侨达33万人，对田鱼都有着别样情愁，田鱼干是他们寄托思乡情之载体。据不完全统计，带往国外的田鱼干达100多吨，主要有意大利、法国、巴西、比利时等20多个国家和地区。随着旅游产业的兴起，稻田养鱼农业生态系统也吸引了大量的旅游者，田鱼及鱼干的销售也随之增长，田鱼产业现已发展到20多个乡镇，200多个行政村，年产田鱼干300多吨。

制作工艺

工艺流程：田鱼吐泥→剖杀→腌制→清洗→蒸熟→熏烘→包装→成品。

操作要点：

1. 原料

田鱼（鲤鱼）。

2. 吐泥

田鱼从田中抓回后，放养于清水池中，使田鱼吐净肚中的泥沙，吐泥一般需要2h以上。

3. 剖杀

田鱼不去鳞，横放，按住头部，用刀背轻拍尾部，使鱼停止摆尾。刀自从尾部靠近鱼肚下端处切入，沿背部切开，鱼肚相连，剖开后鱼身形成一个带柄圆形，去净内脏，剥去肚内黑膜，洗净血污。

4. 腌制

鱼身沥水，抹腌料。腌料以盐为主，按个人喜好加入白糖、生姜及白酒。抹好腌料的鱼，鱼皮朝上层层叠放于容器中，腌制时间为3～12h，使其充分入味。腌制时应放于阴凉避风处，不可阳光直射。

5. 清洗

取出腌制入味的鱼，用流动水清洗，洗去表面的黏液、腌料及血水，沥干。

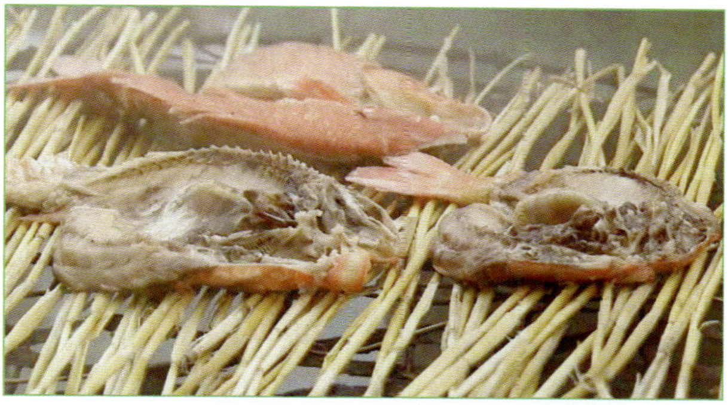

6. 蒸熟

起锅，将洗净的田鱼胚鱼皮面朝下置于笼屉中，大火蒸制，蒸约20min至鱼肉刚熟转白即可。

7. 熏烘

专用烘炉用硬柴炭火起炉，炭火上盖灰，上面撒谷糠，顶上放架子，垫洁净去衣的麦秆。田鱼错开叠放在麦秆上，慢火烘烤，及时翻面，一般烘烤至鱼两面焦黄，香味浓郁，油脂外溢即可，一般需2～4d。熏烘的温度掌握在麦秆上用手感觉稍热不烫手的程度。

8. 包装

田鱼干可用真空包装，或平整叠放于容器中，避光干燥处存放。

营养参考（每100g）

能量（kJ）	1 450.5	碳水化合物（g）	27.3
蛋白质（g）	46.6	钠（mg）	187.7
脂肪（g）	5.2		

庆元

特色食品

黄 粿

简介

黄粿又名黄米粿，由粳米、植物碱制成，是庆元县民间极富特色的传统食品，在龙泉、遂昌、景宁等地也广泛食用。在浙南庆元、龙泉等地，每逢重要节日，黄粿都是必不可少的食品。传说吃黄粿寓意本年的丰收，来年的希望，象征安康、团圆、幸福。

历史文化

黄粿起源于浙、闽、赣边区，仙霞岭山脉的庆元、龙泉、松溪、浦城一带。相传公元878年秋，黄巢义军南征，途径仙霞岭，大军需要穿越仙霞岭数百里人烟稀少的崇山峻岭、深山密林。黄巢正恐途中无食而愁。一日，黄巢在山中偶遇一樵夫，见其口粮甚怪，乃问之。樵夫答之："因每次出来砍柴都在山中数日，娘恐饿，乃制米粿当路中餐。因米粿加一灌木灰水而制，可增其香味还能助消化，可保鲜数十日而不坏。"黄巢闻之，大喜，曰："真乃天助我也。"下令动员民众制米粿以供大军过山之用。因黄巢大军深得民心，故民众都积极响应而制米粿以助义军。此后，米粿因被义军征用而闻名，民众亦因为纪念黄巢义军而把此米粿更名为黄粿。

产品特色及前景

黄粿色泽晶莹、清香宜人、柔嫩可口，且食用方式多种多样，可蒸、煮、煨、烫、烤、炸、煎等。

黄粿具备不易腐烂变质、存放时间长等特性，黄粿的天然植物碱还有防止食积、肥胖，促进消化吸收等功能。

黄粿作为一种具有地方特色的主食，目前已开展较大规模的工业化生产，在丽水多个县区均有生产，已经成为丽水以及浙江地区的明星产品，产品受到消费者一致好评。

制作工艺

工艺流程：制作植物碱→浸泡→蒸制→做米团→做型→成品。

操作要点：

1. 原料

粳米、植物碱。

2. 制作植物碱

取山中一种灌木（当地称灰碱树）烧成灰，加入一定量的水，过滤，取其汁备用（俗称植物碱）。

3. 浸泡

用植物碱浸泡粳米，浸泡时间12～14h，至米色橙黄。

4. 蒸制

将浸泡好的粳米放入蒸锅中，隔水蒸熟。

5. 做米团

蒸熟后的米倒入石臼中，用杵槌用力杵打，直到米粒全融，颜色渐渐变为透黄、呈棉团状。

6. 做型

将杵打好的米团分切小块，趁热将其揉压成圆条状、扁圆状、圆锥状等各种形状，或者用特有的“黄粿模具”，将黄粿团压成不同形状，即可食用。

7. 储存

黄粿可浸泡清水中保存，或浸泡在植物碱水中，保存数月不坏。

营养参考（每100g）

能量（kJ）	906.6	碳水化合物（g）	47.6
蛋白质（g）	4.0	钠（mg）	0
脂肪（g）	0.6		

香菇

简介

香菇[*Lentinus edodes*（Berk.）sing]，又名香蕈，是食用菌的一个主要品种。香菇“肌理玉洁，芳香韵味”，营养丰富，风味独特，素有“诸菌之冠，蔬菜之魁”美称，是我国传统的“山珍”之一。

香菇以鲜嫩可口、香郁袭人的独特风味成为宴席上的珍贵佳肴，自古为宫廷贡品。先后获得九四年“第五届亚太国际贸易博览会”金奖和九六年“第二届国际各行业产品畅销博览会”金奖。根据中国农村发展研究院公布的《2011农产品区域公用品牌价值》，2011年“香菇”品牌价值已达44.01亿元，被评为“最受消费者喜爱的中国农产品区域公用品牌”，是浙江省最具影响力的农产品品牌之一，是庆元县地理标志保护产品。

历史文化

据专家考证，庆元是人工栽培香菇的发祥地。南宋建炎四年（1130年）出生于庆元县龙岩村的吴三公发明了“原木砍花法”栽培香菇技术，距今已有800多年历史。20世纪70年代以来，人工栽培香菇历经“段木纯菌丝接种法”“代料栽培法”和“高棚层架栽培花菇法”三次重大技术变革。联合国国际热带菇类学会主席张树庭教授经过多次实地考证，于1989年亲笔题写庆元是世界“香菇之源”。1992年7月台湾大学植物系教授李瑞青先生一行来庆元考察后，亦认定香菇技术的发祥地是中国。香菇还被国务院发展研究中心授予两项“中华之最”：一是“世界人工栽培香菇历史最早”；二是“全国最大的香菇产地和集散地”。

产品特色及前景

据清代黄宫锈《本草求真》记载：“香菇味甘性平，大能益气，助食及理小便失禁”。最近几年，香菇在国内外还被称为“植物食品的顶峰”“80年代菌星”、“当今世界上最好的免疫促进剂”而备受欢迎。人体所必需的8种氨基酸中，香菇就含有7种，并富含钙、磷、铁、硒、维生素（B_1、B_2）等，还含有一般蔬菜所缺乏的维生素D原（麦角固醇）。香菇中还有30多种酶，是纠正人体酶缺乏的独特食品。香菇中所含的腺膘呤可预防肝硬化，还可抑制血液中胆固醇的增加，有降低血压的功效。香菇中所含的香菇多糖以及干扰素诱导物，对抑制病毒和抗癌变有良效。

如今庆元已成为饮誉全球的“中国香菇城”，香菇业成了庆元人民的支柱产业。香菇已经出口欧洲、日本等多个国家，产业前景广阔。

牛肝菌

简介

庆元牛肝菌一般指黄靛牛肝菌，是丽水庆元县的一个特有种，经分类鉴定为缘盖牛肝菌［*Boletus appendiculatus*（Sehaeff :Fr.）Secretan］，系美味牛肝菌（*Boletus edulis* Bull .ex Fr）的变种升格而成的一个新种。黄靛牛肝菌在庆元县内各乡镇均有分布，占浙江省野生黄靛牛肝菌资源的比例很大，有“庆元黄靛菇”之称。菌盖淡褐色或红褐色，菌缘延长向下卷曲，菌肉淡黄色或金黄色，菌孔细小近圆形，黄色。菌柄上部黄色，有网状纹路，下部平滑，褐色，或有黄色粉状物覆盖。其香味浓郁、口感细腻、味道鲜美、营养价值极高，被誉为浙江省最名贵的野生食用菌。

历史文化

丽水庆元处浙南闽北，属亚热带季风气候区，温暖湿润，雨量充沛，且山地面积广，相对温差大，空气清新，水质良好，是“中国生产环境第一县”“中国绿色竞争力最强县”，非常有利于食用菌产业的发展。

自20世纪以来，黄靛牛肝菌一直被认为与分布在云南的华美牛肝菌（Boletus speciosus Frost）为同种。自2004年以来，“黄靛”牛肝菌重新被鉴定为缘盖牛肝菌，系美味牛肝菌的变种升格而成的新种，隶属于担子菌亚门伞菌纲牛肝菌目牛肝菌科牛肝菌属。黄靛牛肝菌每年发生2批，6月底到7月初开始发生第一批子实体，第二批为8月底到9月初，此时产量达到年内最大，牛肝菌集中上市。

产品特色及前景

牛肝菌的子实体富含蛋白质、多种维生素和矿物质，并含有 18种游离氨基酸，其中包括人体必需的 8 种氨基酸，还含有多酚、多肽、多糖等，具有抗氧化活性，抗肿瘤活性，抗菌活性以及提高免疫力等作用，具有很好的保健作用和药用价值。

随着牛肝菌的营养价值研究的深入，以及人们饮食文化和观念的改变，庆元牛肝菌以其独有的风味、极好的保健作用和药用价值，受到人们的追捧，远销海内外，同时由于还不能人工栽培及其独特的地域分布，野生产量还远远不能满足人们的需求，其价格年年攀升，产品市场前景极为广阔，市场竞争优势十分明显。

灰树花

简介

灰树花［*Grifola frondosa*（Fr.）S.F.Gray］，俗称舞菇、栗蘑，隶属担子菌亚门，层菌纲，无隔担子菌亚纲，非褶菌目，多孔菌科，树花菌属，由于我国较早的权威专著《中国的真菌》的采用，灰树花便成为比较通用的汉语名称。灰树花是一种食药兼用蕈菌，夏秋间常野生于栗树周围。可以烹调成多种美味佳肴，是极其珍贵的高档食用伞菌。庆元灰树花已被认定为一种农产品地理标志产品。近年来，灰树花作为一种高级保健食品，风行日本、新加坡等市场。

历史文化

庆元县黄田镇是庆元县北部繁华商贸、绿色农业、生态工业重镇，被中国食用菌协会授予“中国灰树花之乡”称号。该镇自1986年就开始试种灰树花，经科研人员20多年的不断驯化研究，探索出在自然条件下大棚栽培灰树花的成功模式。近年来，黄田镇还研究了“仿野生”栽培技术，提高了灰树花产品品质，成为了我国栽培灰树花的重点产区。

灰树花在2014年被登记为农产品地理标志产品。认证地域保护范围是庆元县所辖黄田镇、岭头乡、濛洲街道、竹口镇、五大堡乡等3个街道6个镇10个乡8个社区345个行政村。

产品特色及前景

灰树花，外观婀娜多姿、层叠似菊；气味清香四溢；肉质脆嫩爽口、味如鸡丝。

灰树花子实体营养丰富，富含蛋白质、氨基酸、铁、硒、维生素等。其性平、味甘，具有补虚、缓急、润燥等作用。灰树花多糖是从灰树花子实体中分离的一种真菌多糖，近年的研究表明其具有显著的抗肿瘤、降血糖、抗肝炎、抗HIV病毒以及改善免疫系统功能的作用。

丽水的食用菌品质在全国范围内名列前茅，丽水食用菌产业是丽水农业中重点发展产业。灰树花丰富了丽水食用菌的产品类型，依托于丽水整体的食用菌行业，灰树花产业要走出一条适合自己的营销道路。

营养参考（每 100g）

蛋白质（g）	25.2	膳食纤维（g）	33.7	维生素 B_1（mg）	1.47
粗脂肪（g）	3.2	灰分（g）	5.1	维生素 B_2（mg）	0.72
粗多糖（g）	21.4	维生素 E（mg）	109.7	维生素 C（mg）	17.0

注：数据来源于中国预防医学科学院营养与食品卫生研究所和农业部质检中心

甜桔柚

简介

甜桔柚属于杂柑类品种，兼具柚的水嫩，桔的甜蜜，营养不上火，美味无比，果肉柔软，果汁甘甜清香，化渣性好。甜桔柚果实呈扁圆形，果皮橙红有光泽，大小适中。11月中下旬成熟，存放到翌年5月份也无变味，上市时间长。甜桔柚现已成为浙江省的特色水果，市场走俏。

历史文化

甜桔柚是以上田温州蜜柑（*Citrus reticulata* Blanco Unshiu）为母本，八朔柑（*Citrus Hassaku* Hort.ex Tanaka）为父本的杂交后代。甜桔柚是1998年从日本引进的杂柑类新品种，目前已成为庆元县的特色优势水果产品，庆元县也成为全省最大的甜桔柚生产基地。2002年中国浙江柑桔博览会上甜桔柚荣获金奖；于2003年1月在杭州举行的柑桔新品种鉴评会上得到与会专家、领导的一致好评，被列为丽水市柑桔推广品种。经中国绿色食品发展中心审核，被认定为绿色食品A级产品。

甜桔柚生长在庆元县的中西部地区，气候属亚热带季风区，温暖湿润，海拔高度低于350m的坡地，年平均气温17.4℃，无霜期245d。目前，该品种在浙南闽北有种植，以庆元产甜桔柚品质最佳。

产品特点及前景

甜桔柚品质好，含糖量高，酸低清口，果实大且均匀，生长势强，丰产稳产性好，抗逆性强。果实扁圆形，皮橙黄色，色泽艳丽，较粗厚，果肉橙红色，柔软多汁，味甜无苦味，无籽或少籽，每个果实平均含种子2.7 粒，单果重200g 左右，耐贮运，耐贮藏，11 月下旬至12 月上中旬成熟，可贮藏至翌年5 月。庆元县独特的气候环境和生态优势，造就了甜桔柚酸甜适口、果肉质地柔软、化渣性好等独有风味[1]。

目前，庆元发展甜桔柚种植面积达到1万多亩，产量近1万t，产值1亿以上，已培育甜桔柚规模生产主体10余家，其中农业龙头企业5家，农民专业合作社8家。2014年庆元统一使用“甜桔柚”公用商标，先后荣获浙江名牌农产品、丽水市名牌产品等称号，连续11届荣获浙江省农博会金奖。“甜桔柚”已在上海、北京、浙江、江苏、福建、贵州等省、市建立稳定营销网络，并已经远销新加坡等地。

参考文献

[1] 黎东兴，张金钰 . 庆元甜桔柚无公害高效生产技术探讨 [J]. 现代农业科技，2012（2）：130–131.

锥栗

简介

锥栗［*Castanea henryi*（Skan）Rehd. et Wils.］锥栗，属壳斗科栗属植物，主要分布在浙南闽北一带，在其他地区并不多见，目前隶属地区主要产区在庆元县。锥栗的果实呈锥形，果皮为红褐色，果肉酥脆可口，糯而香甜，深受广大消费者青睐。锥栗果生食、炒食香甜可口，还可加工月饼、罐头食品。产区群众习惯用锥栗粉代米给儿童食用，老少皆宜。

历史文化

锥栗在庆元县的栽培历史始于清代，被农民称为“铁杆庄稼”，是生态型的经济林树种。近年来，庆元县把发展这一特色农产品作为实现农业增效、农民增收的一个“重头戏”来抓。开展良种选育、杂交育种、嫁接试验等科学技术研究，选育出早熟、大果、丰产等优良性状的新品种。庆元县松源镇、屏都镇、荷地镇、贤良镇、岭头乡、五大堡乡、淤上乡、安南乡、张村乡等，无公害锥栗基地60多处，成为目前浙江省最大锥栗生产基地县。1998年庆元县选送的锥栗获得浙江省农展会干果“金奖”，2000年庆元县被浙江省政府命名为“锥栗之乡”。2001年庆元县“三江源牌”“金蜜果牌”“天堂山”锥栗基地被列入浙江省首批43个林业特色基地之一[1]。

产品特色及前景

锥栗属于单包单果，板栗是单包多果；锥栗对生长环境的要求高于板栗；锥栗口感细

嫩甘甜，表皮紫红发亮、果仁金黄，含有人体需要的多种氨基酸和微量元素，营养丰富。与板栗相比，锥栗具有高糖分、高蛋白、高维生素、糯而香甜等优点。

庆元县非常重视对锥栗的开发，出台一系列扶持政策，建立无公害锥栗标准化生产示范园区，制订并全面推广实施锥栗无公害生产地方标准。锥栗生产公司打造公司—合作社—农户的运营模式，加快推进庆元县锥栗产业标准化，提高庆元县锥栗产品安全水平，目前板栗已经有真空包装产品销售，这一系列措施将有助于提升锥栗的产业发展。

营养参考（每100g）

能量（kJ）	1 370.6	碳水化合物（g）	60.2
蛋白质（g）	73.7	钠（mg）	2.0
脂肪（g）	5.5		

参考文献

[1] 吴春发，许远平 . 浙江省庆元县锥栗产业现状及发展对策 [J]. 安徽农学通报，2011，17（24）：10–10.

七月半馒头

简介

七月半馒头又名“鬼馒头”，每逢农历七月十五日，庆元农村家家户户都要做七月半馒头，礼拜香火，祀奉祖宗。现今，七月半馒头已成为庆元县民间极富特色的传统食品，是一种由粳米、糯米，以及赤豆、黄豆粉等馒头馅制作成的一种小馒头。观其色，独有糯米白，晶光莹莹；食其味，柔软细腻，口感极佳，是一款老少皆宜的优良健康休闲食品。

历史文化

早在汉代，人们就把农历正月十五日定为“上元节”，七月十五日定为“中元节”，八月十五日定为“下元节”。此三个节日总称为“三元节”。“中元节”也叫“地官节”，民间称为“鬼节”。《修行志》说：“七月中元日，地官降下，定人间善恶，道士于是日夜诵经。”昔日，庆元各宗祠要请僧道来斋醮，并做馒头分发给族人祀奉祖先，民间亦称为“七月半馒头”。

产品特色及前景

馒头多数为面粉制作，而庆元的七月半馒头则是由糯米和粳米制作。馅料多种多样，满足各种口味要求。目前七月半馒头一般是在中元节前后制作售卖，未来可以渗透到日常生活中，并向速冻米面制品方向发展。

制作工艺

工艺流程：原料浸泡→打浆→馅料制备→裹馅做型→蒸制→成品。

操作要点：

1. 原料

糠米、糯米、赤豆、绵白糖。

2. 浸泡

将粳米和糯米以1∶1的比例混合，冷水浸泡3h左右。

3. 打浆

将浸泡开的大米加水打浆，成糊状，然后，适量滤水至米粉捏手里可成团，稍用力便可散开的状态。

4. 馅料制备

馅料可以根据个人喜好制作，大体可分为甜馅和咸馅。甜馅多为将赤豆蒸熟，加白糖，捣烂制成；或者将黄豆炒熟，然后磨成粉，再加入红糖，拌匀制成。咸馅则是将香菇、猪肉等馅料炒熟制成。

5. 裹馅做型

取适量米团，用手揉捏成圆饼状，加入馅料，制成馒头状。

6. 蒸制

将做好的小馒头放在一小片箬叶上，放入蒸笼蒸制，中火，30～40min，即可食用。

营养参考（每100g）

能量（kJ）	959.31	维生素 B_1（mg）	0.06	维生素 E（mg）	2.72
蛋白质（g）	5.28	维生素 B_2（mg）	0.03	钠（mg）	2.67
脂肪（g）	1.25	尼克酸 VPP（mg）	1.16	钙（mg）	8.50
碳水化合物（g）	49.30	膳食纤维（g）	2.23	铁（mg）	0.67

社　粿

简介

庆元有一风俗，每年清明节前半个月，定为社节，每逢“春社”，庆元有“烙社粿”的习俗。社粿，属于民俗民风类的非物质文化遗产，是一种由粳米、糯米、鼠曲草、猪肉、香菇等制作而成的薄饼，素有“中国pizza”之称。颜色翠绿鲜嫩；味道清香可口，是一种健康休闲食品。

历史文化

春社，是立春后第五个戊日，是最为古老的汉族传统民俗节日之一，在甲骨文中就有相关的记载，距今已有两千年以上的历史。该节日在商、西周时期，是男女幽会的狂欢节日，而后来则主要用于祭祀土地神。春社，特别是民社（与“官社”相对）富有生活气息，是邻里聚会娱乐的日子，有各种娱乐活动，如敲社鼓、食社饭、饮社酒、观社戏等诸多习俗，庆元人民在漫长的民俗节日传承中，形成了在春社“烙社粿”的民俗风俗习惯，留下这一营养美味的休闲食品。

产品特色及前景

鼠曲草（*Gnaphalium affine* D. Don），又名佛耳草、鼠耳芏、清明菜和菠菠草等，菊科鼠曲草属。一年生草本，鼠曲草茎叶入药，为镇咳、祛痰、治气喘和支气管炎以及非传染性溃疡、创伤之寻常用药，内服还有降血压疗效[1]。

社粿其色翠绿诱人、味清香可口，还具有止咳、理气、燥湿等药用功效。社粿在春社时节食用最多，平时一般是家庭式制作。目前，也有把社粿晒干做成社粿干，可以较长时间储存，且形成商品化产品。

制作工艺

工艺流程：米浆制备→鼠曲草汁制备→植物碱制备→拌料→煎制→成品。

操作要点：

1. 原料

粳米、糯米、鼠曲草、植物碱、猪肉丁、香菇、盐、色拉油。

2. 米浆制备

糯米、粳米清洗后，按一定比例混合、浸泡一段时间，6～12h，加水磨浆成糊状，备用。

3. 鼠曲草汁制备

摘取新鲜的鼠曲草，清洗，漂烫，在石臼中捣碎，过滤取汁液，备用。

4. 植物碱制备

取山中一种灌木烧成灰，加入一定量的水，过滤，取其汁备用（俗称植物碱）。

5. 拌料

将鼠曲草汁液、米浆、植物碱按照一定的比例混合；将猪肉丁、香菇等配菜炒熟，再倒入打好的米糊中，加盐调味，搅拌均匀。

6. 煎制

将煎锅加热，倒入适量色拉油，取一勺米糊，均匀摊开成圆饼状，待一面煎制成型，翻面煎1～2min，即可出锅食用。

7. 食用

社粿煎好后，趁热食用；或在通风处可风干存放很长时间，随吃随蒸，还有煎、炒、炸多种吃法；还可晒成社粿干，或炒或炸，是极美味的小茶点。

营养参考（每 100g）

能量（kJ）	908.86	维生素 B_1（mg）	0.08	视黄醇当量（μg）	6.25
蛋白质（g）	6.27	维生素 B_2（mg）	0.11	钠（mg）	709.32
脂肪（g）	9.32	尼克酸 VPP（mg）	2.33	钙（mg）	13.91
碳水化合物（g）	27.12	维生素 E（mg）	1.09	铁（mg）	1.32
膳食纤维（g）	1.98				

注：表中计算以糯米：粳米：鼠曲草 =50 ：10 ：3 计

参考文献

[1] 鼠曲草 . 百度百科 [DB/OL]. https://baike.baidu.com/item/ 鼠曲草 /603795?fr=aladdin.

龙爪粟

简介

龙爪粟[*Eleusine coracana*（L.）Gaertn.]，又称穇子、鸡爪粟、鸭爪粟、鸡爪谷、碱谷等，禾本科穇属。它有“黑珍珠”的美誉，对养胃消暑，肠胃腹泻等疾病有独特的疗效。

龙爪粟耐旱、耐涝、耐贫瘠、耐贮存，目前主要作为主食生产原料用作面条、煮粥及做特色菜原料。庆元作为中国生态环境第一县，种植纯天然无污染的生态龙爪粟，具有得天独厚的产地环境条件。2016年龙爪粟被评为丽水市“十佳”特色杂粮。

历史文化

龙爪粟原产于非洲、亚洲的热带地区，有很长的栽培历史，为非洲和印度的一种主食，可作饼和面包及煮粥，也可酿制啤酒，是我国种植历史悠久的可作医用、粮食等多用途的一种传统作物，在我国长江以南及安徽、河南、陕西、西藏、海南等省区有栽培。庆元县开发种植龙爪粟已10多年，种植在庆元县岭头乡、安南乡，海拔在600m以上的旱地上，不施化肥，不喷农药，是原生态旱粮食品。目前，安南乡种植龙爪粟面积300多亩。

产品特色及前景

目前龙爪粟已经开发龙爪粟面、龙爪粟汤圆粉及龙粟酒等龙爪粟制品，在全国市场上尚属罕见之物。龙爪粟面以口感细腻、柔软可口、易消化吸收的优异品质，深受顾客喜爱，产品销往全省各地，发展前景远大。当地农民反映说：“明年他们还会扩大种植面积，希望能有更多农民朋友种植龙爪粟，走生态农业、共同致富之路。”

营养参考（每 100g）[1]

水分（g）	12.00	淀粉（g）	61.20	铁（mg）	3.05
蛋白质（g）	7.67	粗纤维（g）	2.44	锌（mg）	2.50
粗脂肪（g）	1.30	锰（mg）	7.64	钾（mg）	240.40

参考文献

[1] 卢福芝，李启虔，黄芳，等. 广西产鸭脚粟米营养成分的测定及分析 [J]. 粮食与饲料工业，2016，12（3）：40–42.

松阳

特色食品

白曲酒（白老酒）

简介

白曲酒，以糯米为原料，白蓼药为曲入酿，经糖化发酵而成。丽水市白曲酒并不多见，主要集中在松阳县大东坝镇一带，当地多称之为白老酒。白老酒酒色米黄透亮，甘鲜爽甜，米香馥郁，风情独具。久酿后醇厚香浓，回味悠长。酒精度通常为10～15度，半干型，口感鲜甜，在农村也称月子酒，意为较高的滋补功效，除日常饮用外，常用于产后、术后滋补，哺奶期催奶等。

历史文化

浙江省白曲酒的历史可以追溯到春秋战国时期，名为“白醪酒”，是在早期黄酒的曲蘖酿造技艺基础上进行了改进，采用糯米为原料，以白蓼曲为糖化发酵剂，并首创泼清、沉滤等工艺，提高了酒汁，延长了贮存期。唐宋时期，白曲酿造技艺日趋完备，其中金华的“瀫溪春”和“错认水”以酒色清纯，甘醇似饴，成为当时白曲黄酒的名品[1]。

松阳的白曲酒历史上未见明确的文献记载。问及当地人，也不知何时开始有酿白老酒的习惯，对于他们来讲，无所谓起源，只知道祖祖辈辈都有家酿白老酒的习惯，技术只是代代相传、口口传授，一直如此。

产品特色及前景

三分酒七分水，松阳高海拔地区的山泉水清冽甘甜，山区糯米洁白颗粒饱满，香糯，支链淀粉含量高。白酒药，主要原料为野生蓼草，加以本地小麦，经长时间的发酵培养制成。除糯米、米和酒药，白老酒无其他添加，时间是最好的催化剂，长时间发酵使糯米充分糖化，自然发酵成酒，给白曲酒以独特滋味，并且随着光阴的不断变化，产生不同的风味。随着发酵程度的不同，白曲酒产品可分甜型、半干型、干型多种类型，适合不同人群的需求。除常规生饮外，白老酒夏季冰镇口味甚为特别，

冬季加姜丝烧成热饮口感尤佳。月子中可用于炖鸡蛋或炖红枣、枸杞、党参各类药材或鸡、鸭、鱼、肉等各类温补食材。

丽水的生态旅游业发展正当时，白老酒原生态的酿造方式、独特的风味和良好的滋补功效是作为旅游观光、旅游产品的三大亮点，是一种非常具有开发价值的特色传统食品资源。

制作工艺

白曲磨粉↓

工艺流程：淘米→浸泡→蒸饭→摊凉→拌曲→入缸→搭窝加水→保温发酵→开坛→榨汁→澄清→入瓮陈酿。

操作要点：

1. 配料

选择优质糯米，以本地产高品质无污染的圆糯米为佳；白曲为本地产白酒药；水为洁净，以高海拔山泉水为佳。

2. 淘米

将糯米用水清洗去除各类杂质，至淘米水变清，一般淘米3次以上。淘米用具要求清洁无油。

3. 浸泡

将清洗好的米用清洁无油污的缸或水桶进行浸泡。水应漫过米1节手指头以上。浸泡至米粒发白，用手可以较轻松的拈开的程度。

4. 蒸饭

起灶，用饭甑装入泡好的糯米，大火将米蒸至无白芯。

5. 摊凉

取洁净的团箕，将糯米饭快速倒出，拨开摊凉。摊凉时需不定时翻拌，将米饭尽快冷却至手感温热。

6. 磨曲、拌曲

在摊饭的同时将酒药用擀面杖碾碎成粉末状，均匀地撒在冷却后的糯米饭中，净手后尽量搅拌均匀。

7. 入缸

选择与饭量相匹配的敞口酒缸，事先洗净、无油污擦干备用。将拌好的饭倒入缸中，整匀略压。

8. 搭窝

在缸中部由上而下整理出一个圆柱体的空间，内壁压紧，防止塌陷。米饭顶部也整理压平。在窝边的饭上均匀浇入适量的凉开水。水量以缸底可见少量的水渗出为宜。

9. 保温发酵

缸顶用干净无毒的塑料布覆盖周边绑紧尽量密封，放置于温暖空间中进行保温发酵，温度以28℃左右为宜。如无温暖空间可用保温材料将酿酒缸整个包裹进行保温。保温发酵过程中尽量减少波动。

10. 开坛榨汁

根据季节和气温的不同，按产品需求开坛。用专用竹篾制的器具过滤，分离酒渣与液体。

11. 澄清

分离后的液体静置澄清约5h，至上层清液与沉淀明显分层，取上清液即为白老酒。

12. 入瓮（炙酒）陈酿

根据产品需求不同进行分装入瓮，静置陈酿，随着陈酿时间的不同，白老酒会呈现出较明显的风味区别。一般入瓮前后需进行炙酒，过去多采用火烧法炙酒，即用酒坛放置于火坑中或在外围铺上木屑谷壳，点燃，以暗火炙烤，使酒体在一定时间保持高温。也有用火炖杀菌，即把酒用缸或大盆盛装，隔水蒸煮到沸腾，以杀灭发酵过程中滋生的杂菌，保持米酒独特的风味。近年来也有松阳人家在家庭酿造中采用热得快插入酒体中进行直接加热杀菌，此方法方便快捷，但酒味会有较大的损失。

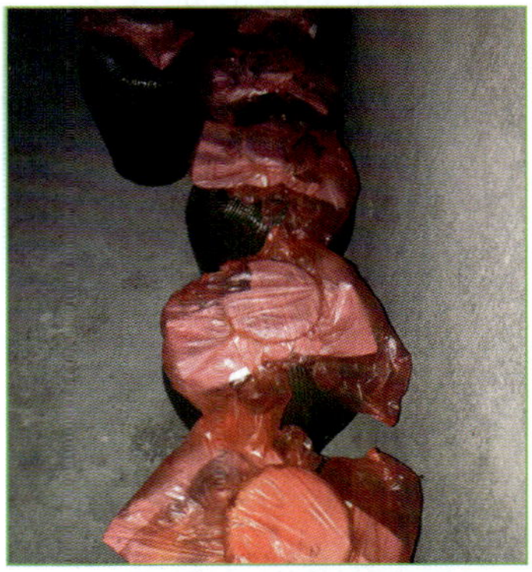

参考文献

[1] 金华酒传统酿造技艺（金华市）– 传统技艺 – 项目名录 – 浙江省 .

端午茶

简介

端午茶，又名百草茶、百家茶，是流行于浙西南山区特别是古县松阳民间的传统养生保健茶饮，主要由藿香、野菊、桑叶、菖蒲、山苍柴、鱼腥草、食凉茶等20余味草药配制而成，有益思提神、强身健肾、芳香化湿、清热解暑、生津止渴、解表和中、预防感冒等功能，为浙江省第3批省级非物质文化遗产（传统医药）。在山区端午茶不仅被视为可治病的草药，更是家庭日常不可缺少的传统保健饮料。经归纳，端午茶功效广泛，要素多样，避邪解毒为其一，防治中暑为其二，祛湿散风为其三，清热消炎为其四，解渴提神为其五，祛积消食为其六。可以说其功效涉及了日常生活中可能遇到的各种普通疾病。按照这些功能与组成要素，又根据家庭成员体质特性，采取针对性选药，组方上各有讲究和特点。在人们回归自然、绿色保健意识明显增强的今天，虽然现代医药技术日臻完善，端午茶仍以它独特的魅力，伴随着山区人们的生活。

历史文化

相传，唐景龙年间，唐道教名士、括苍山仙人叶法善游历名山大川。一路上不断听闻浙南一带遭遇瘟疫，松阳染者很多。他立即返回故乡，召集众道士采制卯山仙茶，以卯山泉水煮泡，然后倒入大缸、木桶中施茶给百姓，后来这场瘟疫就这样平息下来了。叶法善因此被松阳人奉为济世救俗的“叶天师”，这种能治病消灾的茶也就演变成了端午茶，法善施茶的故事也流传至今，已逾千年，甚至连用大缸、木桶施茶的乡俗也沿袭下来。早年，松阳各处驿站、凉亭、寺观都置大木桶、大缸，泡上整缸整桶的午茶，让行人客商自取饮用，以解夏日之酷暑。

在古代，松阳多为山区，交通条件差，如果遇病请郎中更是不便，为此，松阳先民通过长期积累，采集草药来防病，因此，百益无一害的端午茶成了包治百病的“万能茶”，是民间传统的保健饮料。每逢端午佳节，百姓上山采选百草，晾匿家中常年备饮，以防病健身、美容养颜、防暑解渴、辟秽驱邪。

产品特色及产业前景

现在，随着绿色消费日益兴起，端午茶已不再是松阳普通百姓的家常饮料，开始从传统消费方式走出来，转化成一种地方特色的商品，汇入雅俗共赏的市场，成为地方经济产物的一个新品种。随之像天草端午茶厂、绿色食品厂之类等专业化端午茶精加工企业相继出现。它们利用现代先进的技术工艺，通过清洗→粗粉碎→干燥→细粉碎→调配成品包装，精制成既能保持传统风味，又能充分发挥有效成分，携带便捷的袋泡端午茶。当然工厂化生产的端午茶，也有保持原先粗朴风格制作的，可按各自爱好选用。

制作工艺

工艺流程：适时采摘→清洗→（切分）→干制→单品泡制→配伍→成品[注：（ ）中为可选项]。

1. 原料

在本地，有端午日百草皆可入端午茶的说法，用作端午茶的草药种类很多。常用的原料有石菖蒲、山苍柴、坚七柴、山木通、食凉撑、倒妞刺、鱼腥草、大发散、金锁匙、鸭掌柴、黄生芩、马蓼晓、樟树叶、插田妞、六月雪、地匣儿、金珠莲、水桐子、黄栀根、地风蓬、牛舌草、墙络、陈骨皮、铁火叉、野棉花、桂皮、艾叶、麦冬等，但对明显有毒的，如菜虫药、黄闹羊花、草乌、白木香之类就绝不能用，也有人有意加入个别含毒草药，那是非常精通草药的郎中，为极其慎重的精妙配方，非一般人可以仿效。在采集中，人们都习惯地搭配一些既有药用功能，又具有甘醇清香的草药，使配制出的端午茶更清香可口。

2. 采集时间

因为草药是植物，季节性明显，因此很注重采集时间。民间传统采集时间都约定俗成在端午日午时止。传说此日为天医星临空，百草都是药，而且治病药性特灵。也有人认为农历五月初一至初五午时内都可采。另外，人们还很重视端午茶的绿色、安全，提倡到远离村边、田畈的山上采集。那里富有天地灵气，污染少，使之成为真正的天然保健饮料，体现端午茶的自然本性和制作初衷。

3. 制作

端午茶的制作从草药清洗开始。对采集的草药先进行分类净洗，其中还颇有些神秘色彩，规定要利用端午正午时洁净的山坑水或饮用水，因为千百年来，百姓一直把午时水当作“神水”看待。传说以午时水洗过的草药制成端午茶，对防治百病更具神效。过去还有人用午时水加入少量雄黄和白酒，喷洒洗净的草药，以避邪晦、驱毒气。入茶的草药洗净处理后，传统的加工就比较简单了，只要将草药稍晾干，用柴刀剁成1～2cm长的小段，在锅里略经炒制，再晒干或者切后直接晒干就成为地道的传统端午茶。

薄饼

简介

在丽水松阳，薄饼饮食文化属于县级非物质文化遗产，“过端午，咥薄饼”，端午节吃薄饼是当地传统饮食习俗。薄饼，面食类，用搅拌出筋的面糊在高温平整的锅面上用特殊手法快速粘合转动煎烙形成的圆形面饼，饼皮极薄如纸，有很好的包裹性，口感软韧Q弹，面香浓郁。在丽水的周边地区，也多有类似面食，莲都区称之为“卷饼”，缙云称之为“麦果丹”，但相对来说，松阳的薄饼以皮薄、馅料精细著称。在江南很多地区多有食用薄饼的习惯，薄饼搭配的菜式较为随意，各式不易出水的蔬菜肉类切丝分别炒制，食者按需取菜自行包成两头封闭的卷即可食用，故也称“卷饼”。但在松阳，菜式就更为丰富多样，多配木耳、香菇、金针菜、竹笋、豆芽、黄瓜、豆腐干、煎鸡蛋、猪肉、墨鱼干（本地称明甫）、田螺头等，尤其是田螺头，清明后的田螺最为肥美，亦是薄饼菜馅的特色之一。还有裹入油炸本地粉干达到酥脆、丰富口感的目的，较具特色。

历史文化

松阳当地，有民间传说曰，吃薄饼习俗源于县令罗拱辰抗倭。

罗拱辰，光绪《处州府志》卷十四职官松阳县知县明嘉靖朝：“罗拱辰，马平人。”罗拱辰任知县之时，倭寇在东南沿海大肆危害，因率领属下积极抗御。《明史》卷二百十二俞大猷传：嘉靖“三十一年（1552），倭贼大扰浙东。诏移大猷宁、台诸郡参将。会贼破宁波昌国卫，大猷击却之，复攻陷绍兴临山卫，转掠至松阳。知县罗拱辰力御贼，而大猷邀诸海，斩获多，竟坐失事停俸。”倭寇攻掠松阳县的时间，在嘉靖三十二年（1553）四月。明谈迁《国榷》卷六十载嘉靖三十二年（1553）

四月壬寅："倭破临山卫，乘胜西犯。松阳知县罗拱辰督民兵御之，贼浮海走，参将俞大猷邀击，斩六十九级。"其后，《国榷》卷六十又载嘉靖三十二年（1553）五月壬戌："倭陷乍浦所，知县罗拱辰来援。"时东南沿海局势严重，如《明通鉴》记云："倭自闰三月登岸，至六月中，温、台、宁、绍、杭、嘉、苏、湖、扬、淮十郡各州、县、卫、所，被其攻焚者凡二十余，留内地三月，饱而去。"官员多有弃民众、城池于不顾，望风而逃。罗拱辰等积极抗御强敌，得朝中有识者激赏[1]。

罗拱辰为了抗倭，因为时间紧迫，不能按时做饭。因此，命令伙夫烙饼卷以各种蔬菜，行军时充饥。刚好，罗拱辰率部属抗倭时正好是端午节前后，松阳老百姓为了纪念他，每年的端午节吃薄饼，一直延续了下来。

产品特色及前景

薄饼以面粉和水烙制成，放上各种菜肴馅料，将饼皮卷包成竹筒形状，可为主食，直径在20～30cm。各类时令蔬菜、牛羊猪肉、海带、豆腐、豆芽、鸡蛋、粉干均可入菜，切丝切丁均可。从营养学角度来说，薄饼及配菜的食用方式非常适合现代人的健康饮食。2016版《中国居民膳食指南》建议，为了保持膳食平衡，每天至少要吃15种以上不同的食物，薄饼的习惯配菜实现了菜品的多样化，满足健康需求。另外，薄饼与配菜从主食与蔬菜豆制品及肉蛋类的配比也较符合现代轻热量重营养，保持70%是高水分纤维类的蔬果，30%主要食物的饮食观念，食用形式值得推广和普及。

薄饼现在一年四季都有固定商家制作，是松阳最富有地方特色的风味小吃之一，但只限于现做现吃，未商品化。纠其原因，由于饼皮是含水较多的面制品，而且表面积较大，持水性非常差，敞开状态下饼皮快速硬化变脆易碎，贮藏保鲜技术是其商品化的瓶颈。如何提高饼皮持水性，保持更好的品质，延长保鲜时间是推广产业化的主要问题。

制作工艺

工艺流程：和面→压面→醒发→甩面出筋→烙皮→煸炒馅料→包卷→成品。

操作要点：

1. 原料

普通面粉、清水、盐，粉：水：盐=1：1～1.2：0.01。

2. 和面

取温水加入1%左右的细盐制成淡盐水。把少许淡盐水慢慢加入面粉中，搅拌，面成飞絮状后开始用手揉，制成较稀的面团。面粉与淡盐水以1：0.8为宜，根据面粉吸水性不同可进行微调，以搅匀后能形成光滑面团为准。面呈飞絮状时可加盖放置

10min，长时间吸水可促进面团出筋。

3. 压面出筋

用手指蘸取剩下的水，半握成拳头将水压入面团，反复按压，至大部分水被面团吸收，成形软而韧的面团，用手抓起面，面可以不断裂从面盆里整体拉起来。

4. 醒面

出筋后的面团置于盒中，加入少量冷水，冷水没过面团，进行静置醒面，约1h。

5. 甩面出筋

把醒好的面团，从盆中抓起，面团向下流滑10cm时将面甩回手心，重复此步骤，至面团明显上劲。

6. 烙制

专制的烙饼平锅（鏊盘）加热，将面糊往铁煎盘中轻拖一圈，烙出一张直径20～30cm饼皮，如果有气泡或小面团，用手上的面团进行按压修补。成皮后饼皮发白后迅速用平铲自边缘铲至翘起，抓起饼边轻轻将整张饼皮拉起翻面，转动一两秒后取出。饼皮可多层整齐叠放，上面加盖湿纱布保温。

7. 煸炒馅料

木耳、香菇、金针菜、竹笋、豆芽、黄瓜、四季豆、豆腐干、煎鸡蛋、猪肉、田螺头等各式菜切丝或切丁烫、炒、卤熟，控汁，切成丝摆盘。本地粉干小火油炸成碎。

8. 包卷

将饼皮摊开，放入馅料，卷成圆柱状，即可食用。

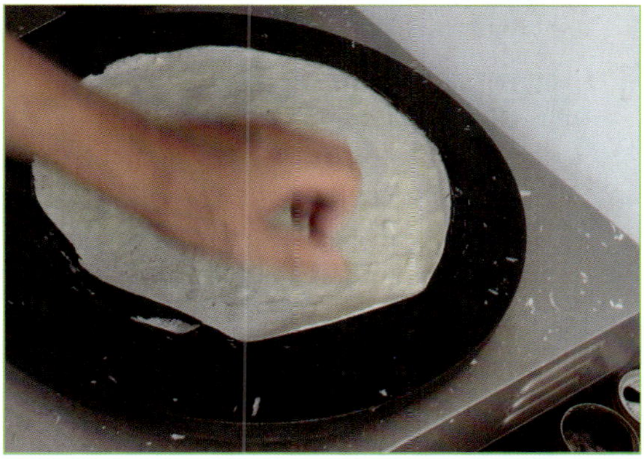

营养参考（每 100g）

能量（kJ）	718.96	膳食纤维（g）	1.05	维生素 E（mg）	0.90
蛋白质（g）	5.60	维生素 B_1（mg）	0.14	钠（mg）	127.19
脂肪（g）	0.75	维生素 B_2（mg）	0.04	钙（mg）	15.61
碳水化合物（g）	35.75	尼克酸 VPP（mg）	1.00	铁（mg）	1.76

参考文献

[1] 洪关旺 . 五月初五话端午（下）[DB/OL]. 松阳新闻网 . http://syxww.zjol. com.cn/syxww/system/2017/05/27/030133002.shtml.

仙草豆腐

简介

仙草豆腐，松阳当地也直接称“仙草”，一种黑色软滑有弹性、有轻微的特有的草药香，含水量极高，具有脆嫩口感及Q弹质地的胶状物，植物性凝胶产品，是松阳夏秋季节一种常见的冷饮品，具有很好的解渴、清热、消暑功能。仙草豆腐自身味淡，故常与其他甜味物质搭配食用，在松阳，一般添加糖粉，也有的添加薄荷等调料增加清凉香味与口感。作为一种古老的传统的民间清凉凉点，仙草豆腐清凉香甜、细腻润滑、清爽可口，千百年来经久不衰，据说夏季常吃不但可清热降火解毒，皮肤不易长疔疮、痱子，还有解酒之功效。

历史文化

松阳的仙草豆腐相传来自于越国公叶法善。叶法善（616—720年），字道元、太素、罗浮真人，括州括苍县（今浙江省丽水市）人，占籍为松阳卯山怀德里，乡贯是栝州松阳。年一百又七岁。无病而终，羽化成仙。相传罗浮真人在松阳卯山炼丹修仙时，夏季常采集一种野草与大米磨浆同煮为食，众人自觉神奇，向往之，故学其法，也觉其消暑清热功能甚好，口口相传，这种吃法也就流传开来。罗浮真人后羽化成仙，被称为仙人，这种野草也被取名叫“仙草”，所煮的食物也被称为“仙草”。

产品特色及前景

仙草豆腐的主要原料就一味，仙草（*Mesona chinensis* Benth.）又称仙人草、仙草干、凉粉草，唇形科一年生草本宿根植物，药食两用的植物资源。叶型似薄荷，小巧翠绿、略带茸毛，在我国分布较广，一般生长在低海拔地区的山沟、河边草地。具有清暑，解热利水的功能，主治中暑、热毒、消渴、高血压、肾脏病、糖尿病、关节肌肉疼痛等。在我国，对仙草的食用历史较为长远，在客家集住区较为流行。仙草豆腐主要是利用其中的半乳糖、阿拉伯糖、木糖等多糖与直链淀粉形成稳定的凝胶状态。据分析，仙人草中的黄酮类物质具有抑制癌症细胞生长、降低血压的作用；多糖具有增强和提高机体免疫机能作用；香精素有镇静、清凉解毒利水的功效，所以作为一味传之久远的传统解暑饮品，深具降火气、解热、清血等功能。

有我国许多地方如台湾、福建等地多有食用仙草的习惯。多以烧煮仙草加入食用碱，后期以木薯淀粉作为凝胶的配料。仙草以草木灰制碱煮仙草，煮好后以米浆、红薯粉凝胶，仙草豆腐口感更有弹性，香味更为柔和更怡人。随着社会的进步和科学的发展，台湾、广东等地仙草产品开发如仙草冻、烧仙草、仙草蜜、仙草茶等在市场出现，市场接受度很高。松阳的仙草豆腐现多以夏季散装冷饮的形式出现，市场容量相对较小。确定主要原料仙草的品种归属，确保产品安全性，对产品的稳定性进行研究，延长货架期，是仙草豆腐推广开发市场的主要途径。另外如何就仙草原料挖掘植物胶类资源也是仙草开发的一种思路。

制作工艺

工艺流程：仙草清洗浸泡→加碱烧煮→过滤去渣→糊化→加红薯粉水→静置→成品。

操作要点：

1. 原料

仙草、草木灰、红薯粉。

2. 草木灰碱的制作

取适量草木灰，用2倍水浸泡过夜，过滤去渣，静置澄清，取上清液即为草木灰碱液。

3. 清洗浸泡

取仙草干适量，去除杂质，用水清洗2～3遍，将根部去掉，将灰尘清洗干净。将洗净的仙草用水浸泡1h左右。

4. 加碱烧煮

取干净无油的煮锅，锅中加有足量清水，加入仙草，大火烧开，加入草木灰碱水，调成小火熬制1h左右。期间需要将干仙草翻转几次，以便让干仙草中的胶质充分熬制出来。一般每2两仙草放6斤水左右，配草木灰碱1碗。或者用5g左右的食用碱代替草木灰碱。

5. 过滤去渣

另取干净的锅一只，干净的纱布打湿后蒙在锅上，将煮好后的仙草汁过滤，去除汤汁中的杂质草渣，草渣中的汁液尽量挤干取用。仙草汁过滤两遍。

6. 糊化

小火加热滤净过的仙草汤，与仙草同重的红薯粉倒入3～5倍的冷水搅拌化开，慢慢倒入仙草汤中，边倒边搅拌，直至仙草汤有明显的浓稠黏糊状，质地均匀无白点，停止加热。

7. 静置晾凉

将熟透的仙草汤出锅倒入容器中静置，晾凉至常温，也可冷藏。

8. 划切食用

往晾凉凝固后的仙草豆腐表面加入足量凉开水浸泡。把刀浸湿，直接在容器中缓慢划开仙草豆腐，取出切小块。一般会切成长5cm左右菱形小块。放入碗中，配以糖粉、薄荷水等食用。

营养参考（每100g仙草干物质）[1]

蛋白质（g）	0.34	灰分（g）	2.53	钾（mg）	191.80
粗脂肪（g）	0.23	酚类物质（g）	2.84	钠（mg）	93.13
碳水化合物（g）	53.44	多糖（g）	32.59	钙（mg）	133.04
纤维素（g）	43.02	总黄酮（g）	5.78	铁（mg）	97.56

参考文献

[1] 刘晓庚，陈梅梅．中国仙草的开发利用研究[J]. 食品研究与开发，2004，25（5）：109-112.

油料饼

简介

油料饼，音翻自松阳话，即老式传统手工起酥月饼，用小麦粉、食用油、水等制皮，小麦粉、食用植物油或猪油制酥，经制酥皮、包馅、成型、焙烤工艺加工而成，有芝麻、椒盐、蛋黄、菜干肉、豆沙几种口味，经长时炭火慢烙而成，饼皮焦黄油润，饼边乳白浅黄，油香浓郁，外皮酥软，内馅香甜。油料饼在外形上稍微区别于普通的苏式月饼，饼体较一般月饼大，直径约10cm，饼体扁鼓形，滚圆古朴，各口味分别加盖不同形状的红色印章，造型朴实可爱。油料饼是松阳人对此类月饼的传统称呼，现在年轻人也称之为老月饼，松阳现存油料饼制作商家有两家，其中松阳清明老街上的油料饼较为知名，现打造其品牌为松阳老街长寿手工月饼，销量甚好。

历史文化

月饼是中华中秋文化“团圆、幸福、甜美、统一、和谐”的载体，是中国饮食和民俗文化中浓重的一笔。苏式月饼作为中国传统月饼的两大帮式之一，主要流传于江南一带，集中在江浙沪三地，苏式月饼源于唐朝，盛于宋朝，清乾隆年开始真正被收集、整理、改良、创新、传播。松阳的油料饼制作手艺和配方基本类同于苏式月饼，名称的起源无从追溯，分析可能由当地的制饼手工艺人基于本地习俗进行细微的改动，经由几代人的流传和传承，形成了如今松阳油料饼的特色和风味。油料饼是许多老一辈人心里美味点心的记忆，也是许多松阳人怀旧的一种情怀。

产品特色与前景

油料饼作为一种传统中式点心，以小麦粉、糖、油制皮，芝麻、豆沙、米粉等为馅，甜香可口，皮层酥松，色泽美观，馅料肥而不腻，口感松酥，非常受人们的喜爱。现代人对健康越来越关注，对高油高糖食品的消费相对减少，油料饼相对普通苏式月饼来说，含油量减少，芝麻、椒盐、豆沙等馅料均为自制现做，甜度适口，文火低温慢烙使香味更好的释放，油脂的渗出，丰富了口感并有效降低油脂含量。作为一种附带了许多松阳人怀旧情节的老月饼，油料饼售卖的不仅仅是产品本身，还有许多人的情怀，另外，由于其沉重的乡土气悉，也吸引着众多往来的游客。在新经济形势下，随着旅游经济、网络经济的繁荣，像油料饼这样以往藏在深闺中的老物品，也可积极调整自我的经营方式，迎来了新的春天。

制作工艺

工艺流程：馅料加工→搓馅→油皮制作→油酥制作→包酥→包馅→成型、戳印→烙烤→包装。

操作要点：

1. 原料

皮：面粉300g，麦芽糖20g，油50～65g，盐少许，沸水170g。

油酥：面粉200g，猪油100g。

馅料（以豆沙馅为例）红豆500g，糖400g，油200g，熟面粉60g，按需配备，要求尽量干爽，手捏易成团，无液体渗出。

2. 馅料制作

红豆择去杂物，清水浸泡12h。加入与豆面持平的水，放入锅里大火煮开，用小火煮至透心软烂。煮好的红豆稍微摊凉，加入白糖或红糖，压成泥状。豆泥用中火加热，一直炒到糖溶化。继续中火翻炒，期间分多次加入色拉油。每次都要炒到油完全被豆沙吸收以后，再加下一次。继续翻炒，将水分慢慢炒干。炒到豆沙呈非常稠厚的时候，加入熟面粉，继续翻炒至面粉和馅混合均匀。炒好的馅平铺在大的盘子里，冷却后按需定量称量，搓成团。

3. 油皮制作

面粉（即家常制作面食的普通

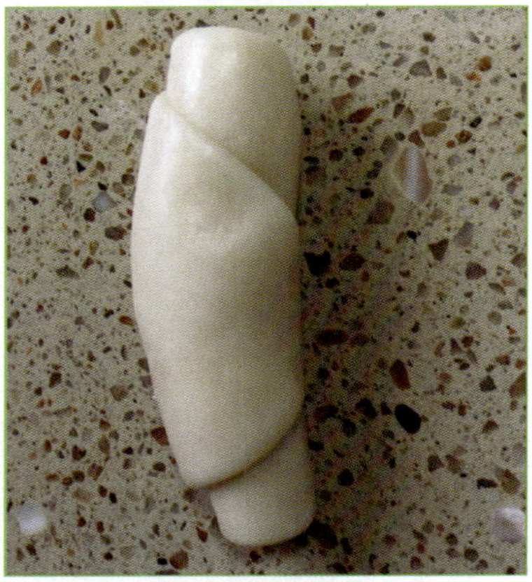

面粉）、油、糖倒入碗里，加入热水（约85℃），快速的用筷子搅拌面粉，使面粉和水形成雪花状的疙瘩。将疙瘩及剩下的面粉一起倒在案板上，用手翻动几下使热气散尽，用力揉成光滑的面团，放置醒发。

4. 油酥制作

将面粉和油混合，在案板上用力搓几分钟，直到猪油和面粉完全融合成为面团。持续搓揉，至油酥成为光滑的面团。

5. 包酥

将油皮、油酥面团分别分成均大小的份，两者重量比：油皮：油酥约3：2。揉成圆形备用。取一个油皮面团，用手掌压扁，将一个油酥面团包入其中，收口捏紧。将面团的收口朝上，光滑的一面朝下放在案板上，先用手掌压扁。用擀面杖将面团擀开成长椭圆形。将长椭圆形自上而下卷起来。卷好的面团，再一次用手掌压扁。第二次用擀面杖擀开（同样，光滑的一面朝下）第二次自上而下卷起来。将卷好的酥皮面团静置15min左右，表面盖湿布保湿。

6. 包馅

取一个静置好的酥皮面团，在案板上压扁，用擀面杖擀开，成为中间厚、四边薄的圆形面片。放一个搓好的馅料在圆形面片上，包好并将收口捏紧。注意收口要紧不露馅。包好的面团收口朝下放在案板上，静置15min。

7. 成型、戳印

用手掌轻压静置完成的饼胚，使饼胚成为扁圆形。压的时候注意动作要轻缓。根据不同馅料类型用红色食用色素在饼胚上加盖不同形状的印章，以作标记。

8. 烙烤

平底饼鏊用炭火加热，保持文火，使鏊底温度约300℃，将戳印后的饼胚摆放其上，文火慢烙，定时翻面，烤到表面金黄，香味四溢，就可以出炉了。整个烙烤时间约为40min。

9. 包装

油料饼烙好后趁热食用风味最佳，如需密封包装，需等铲凉透后分装，其中芝麻、椒盐等可在常温阴凉处放置1周以上。

营养参考（每 100g）

能量（kJ）	1 231.43	膳食纤维（g）	5.07	维生素 E（mg）	6.11
蛋白质（g）	5.56	维生素 B_1（mg）	0.10	钠（mg）	128.31
脂肪（g）	9.92	维生素 B_2（mg）	0.05	钙（mg）	9.01
碳水化合物（g）	45.85	尼克酸 VPP（mg）	1.50	铁（mg）	1.46

注意事项

传统的酥皮，一般都是使用猪油制作，猪油的酥性好，做出的酥皮香味浓郁出酥好。老街油料饼一般使用色拉油加植物油，外观更黄亮，酥皮偏脆。

由于配方保密，以上配方以笔者自行模拟。

银猴茶

简介

松阳茶以“形美、色绿、香郁、味醇”而扬名，其外形条索紧结绿润，汤色清澈绿亮，香高持久，滋味鲜浓，叶底嫩绿明亮。银猴茶为松阳茶的顶极代表，外形条索紧实翠润、白毫显露，汤色嫩绿清澈明亮，香气栗香持久，滋味鲜醇甘爽，叶底肥嫩明亮。水浸出物≥38%，氨基酸≥4%，是名茶中的精品。

松阳建县于东汉建安四年，素有“浙南桃源”“处州粮仓”和“云雾茶都”之美誉。松阳自古盛产茶叶，主要分布在盆地、丘陵谷地和低中山，松阳宜茶丘陵低山广阔，土层深厚，一般土层在50cm以上，结构疏松，养分丰富，有机质含量2%～3%，酸度适宜，pH值为4.5～5.5。气候属中亚热带季风气候，有四季分明，雨量充沛，冬暖春早，无霜期长的特点，非常适宜茶叶生长。沃土出好茶，松阳茶叶早在1929年便获西湖博览会一等奖。1981年新创制出银猴茶，连续三年获浙江省一类名茶奖，1984年被确定为“浙江省名茶”，1991年获“中国文化名茶金奖”，2004年获“浙江省十大名茶” 称号。2011年松阳被命名为“中国茶文化之乡”，银猴茶为中华文化名茶。

历史文化

松阳地域自古产茶。早在三国时期，松阳盛产茶叶，到了唐代，松阳的佛教、道教兴盛。据记载，唐代著名道教法师叶法善在松阳卯山观修炼期间，取卯山水土培育出了10多株优质茶树，制得“竹叶形，深绿色，茶水色清、味醇”的茶叶，取名“卯山仙茶”。传说，饮用卯山仙茶，不但可以提神清肺，还能凉血长寿。由于叶法善与唐高宗至唐玄宗的五朝皇帝交情甚笃，常往来于卯山至京都,卯山仙茶遂入宫中，深受皇上喜爱，故被列为贡品。由于叶法善的影响，松阳茶叶随之名声远扬。除卯山仙茶之外，当时松阳的横山茶、下街茶也为地方名茶，闻名遐迩。唐朝大诗人戴叔伦赋诗

《横山》：“偶入横山寺，溪深路更幽。露涵松翠滴，风涌浪花浮。老衲供茶碗，斜阳送客舟。自缘归思促，不得更迟留。”苏轼的《西屏山》：“道人晓出西屏山，来施点茶三昧手。忽惊午盏兔毫斑，打作春瓮鹅儿酒。天台乳花世不见，玉川风液今何有？东坡有意续茶经，要使祖谦名不朽。”

产品特色与前景

2008年国家质量监督检验检疫总局第26号《关于批准对松阳茶实施地理标志产品保护的公告》，松阳茶地理标志产品保护范围以浙江省松阳县人民政府《关于要求划定松阳茶地理标志产品保护范围的请示》（松政〔2006〕45号）提出的范围为准，为浙江省松阳县现辖行政区域。2009 年4月制定发布了33/T739—2009《地理标志产品 松阳茶》省级地方标准。

2015年“银猴”品牌价值以17.39亿元居丽水市第一，浙江全省第五位，全国第十八位。近年来松阳茶产业启动强龙兴农战略，通过培育茶叶加工龙头企业，推进标准化生产加工步伐。围绕提质增效的目标，松阳茶业一、二、三产联动发展的全产业链发展模式日趋完善，经济效益创新高。另外，松阳的茶产业培育了茶旅、茶文化等新型业态，实现了农业旅游产业融合，实现松阳茶的高效增值，产业发展势头良好。

制作工艺

银猴茶选用多毫型福云池边3号良种幼嫩芽叶为原料，以1芽1叶初展为标准采制。

要求芽长于叶、大小整齐、嫩度一致，做到不采病虫叶、破损叶、鳞片、鱼叶。采摘时间一般在清明前后10来天。

银猴茶加工工艺有全手工和手工与机械相结合两种方法，其加工工序为摊放、杀青、揉捻、造型、烘干、毛茶整理等。鲜叶进厂剔除不符合标准的芽叶，然后薄摊在篾簟上，厚度1～1.5cm，时间8～10h，中间翻动2～3次。当叶面失去光泽，闻有清香时，进行炒制。

摊青叶杀青可用平锅手工杀青或40型滚筒杀青机杀青。平锅投叶锅温150℃左右，投叶量400～500g；滚筒杀青机筒体温度280～300℃，40型滚筒杀青机投叶量每小时35kg（特级原料应减少投叶量）。手工杀青时要做到抛得开，捞得净，带得轻，以抛为主，适当闷炒，直到杀透、杀匀、青草气散失，清香产生，即可起锅摊凉。

揉捻可用手工或30型、45型揉捻机。手工揉捻将摊凉的杀青叶置于揉具上，双手握住茶团，以一致方向轻揉成条，中途抖散2～3次，待揉至稍有茶汁溢出，同时成条率达95%以上即可。机揉每次投叶量为揉桶九成满为宜，需时间2～5min。造型是塑造银猴茶美观外形的关键工序。锅温掌握在80～100℃，通过抓、抖、推、搓手法，边炒边整。

造型手势要轻巧，不能使白毫脱落与变色。当达到八成干，茶叶形成独特的晕直形状，满披银毫时，即起锅摊凉。

烘干有手工烘干和机器烘干两种，烘干分初烘和复烘两个阶段，手工烘干：初烘将摊凉茶坯摊放在篾制焙笼上，采取文火烘焙，火温掌握在60～65℃，翻烘笼3～4次；等烘至九成干，起烘摊凉，使水分散发均匀；然后继续上笼烘干，当烘至手捻茶叶成粉末，香气盛发，茶叶含水量在5%以下时，即下烘；烘干机烘干：初烘烘干机进风口温度110～120℃即可上叶，均匀薄摊，以不见筛网为宜，时间5～6min，至初烘叶稍有触手感出叶，摊凉。复烘烘干机进风口温度90℃左右，厚度可比初烘稍厚，时间15min左右，手捻茶叶成粉末时即下烘。摊凉后进行毛茶分级整理，及时装箱密封贮藏。

银猴茶分特一、特二、一级、二级4个等级，其品质特点为：条索肥壮，白毫显露，栗香持久，滋味浓鲜，汤色绿明，叶底成朵，嫩绿明亮。

银猴茶的冲泡：

1. 赏茶

取10g左右茶叶于赏茶盒中，观赏茶叶外形。

2. 温杯

准备大小约150ml透明洁净的玻璃茶具，用开水烫一遍本来就干净的玻璃杯，以达到茶杯冰清玉洁，一尘不染，二则提高茶杯温度，以利冲泡。

3. 置茶

投入适量的银猴茶叶，茶水比1g：50ml。

4. 浸润泡

加入约杯容量1/3的85℃的开水进行浸润泡。摇香，徐徐摇动使茶叶完全濡湿，并让茶叶自然舒展。

5. 冲泡

待茶叶舒展后，加入七分满开水。冲泡时高提水壶，让水直泻而下，接着利用手腕的力量，上下提拉注水，反复3次，让茶叶在水中翻动，以达到茶汤浓度均匀一致。

6. 品饮

等待茶叶内含成分溶入茶汤（约3min），品饮。

注：本文素材由松阳县茶产业办公室提供。

遂昌

特色食品

发 糕

简介

发糕，是遂昌地区和丽水地区的特色糕点之一。作为春节期间的特殊糕点食品，自古在江南广受追捧，发糕制作工艺独特之处在于使用酒糟发酵，因风味独特，制作精美，更是独树一帜，食名远扬。发糕，成品盖皮大红，喜气洋洋，内里色泽洁白如玉、孔细似针、闻之鲜香扑鼻、食之甜而不腻、糯而不黏，入口即化，营养丰富。

历史文化

发糕是遂昌民间名点。据《遂昌县志》记载，遂昌年糕制作距今已经有500多年的历史。传说，明朝初期，遂昌一位农家媳妇拌粉蒸糕，准备家族的拜年礼品，不小心碰翻了酒糟瓶，酒糟流进米粉，怕浪费只能将错就错，把混合酒糟的米粉依然拌好蒸熟，小媳妇心里忐忑，特意用大红鲜花汁涂抹表层装扮，希望能蒙混过关。谁知由于酒糟的发酵作用，这一笼大红色蒸糕特别的松软可口，余味绵长，更有一股淡淡的酒香，收到蒸糕的亲朋好友赞不绝口啧啧称奇。于是，此糕更名为“发糕”，广为流传。在遂昌，过年都有吃发糕的习俗，家家户户过年要么自己炊糕，要么买上一笼，会给来年带来好运。在遂昌，发糕是农家每逢过年过节的时候最珍贵的糕点，喻意喜庆吉祥，吃了发糕就会步步高升，日子过得一年比一年好，上面涂一层食用丹红，表示红红火火。

产品特色及前景

发糕，采用自家酿制的酒糟发酵，因此味道更加香甜。由于酒糟中含有多种微生物，因此添加酒糟发酵，使发糕的发酵过程以及发酵机理变化较普通发糕更复杂，也

造就了发糕特有的风味。

发糕在遂昌的饭店以及丽水和周边地区常年均有食用，在家庭宴席上更是不可或缺，表示着红红火火，步步高升。发糕多次参加浙江省农博会，受到消费者一致好评。在遂昌电商发展的带动下，发糕在网络平台上销量同样可喜。目前发糕生产还未达到规模化的机械生产，这也是制约发糕产业的重要问题。因此如何提升现代化的机械加工工艺以及标准化的生产，将有利于发糕产业的提升。

制作工艺

工艺流程：原料制备→浸泡→打浆→拌料→做型→发酵→蒸制→成品。

操作要点：

1. 原料

粳米、糯米、甜酒酿、白糖、猪油。

2. 浸泡

将粳米和糯米按照9∶1的比例混合，冷水浸泡2～3h。

3. 打浆

浸泡后的米加水磨浆。米浆用千斤顶或类似设备挤压，适量脱水，直到最终的米浆成为米粉状，捏在手中可以散开时完成。

4. 拌料

米粉中加入适量糯米酒糟、白糖、猪油，搅拌均匀。

5. 发酵

模具中铺一层箬叶，将搅拌均匀的原料称重，灌入模具放入蒸笼，蒸笼用保温布包好，放入发酵间发酵1h左右（发酵间温度28℃左右）。

6. 蒸糕

发酵后，将蒸笼放入蒸锅，蒸制30～40min，蒸熟后在发糕上刷一层红色食用色素，或其他图案，即可食用。

营养参考（每 100g）

能量（kJ）	1 285.52	维生素 B_1（mg）	0.05	视黄醇当量（μg）	1.13
蛋白质（g）	4.28	维生素 B_2（mg）	0.02	钠（mg）	3.63
脂肪（g）	4.43	尼克酸 VPP（mg）	0.70	钙（mg）	14.26
碳水化合物（g）	62.64	维生素 E（mg）	0.66	铁（mg）	0.54
膳食纤维（g）	0.24				

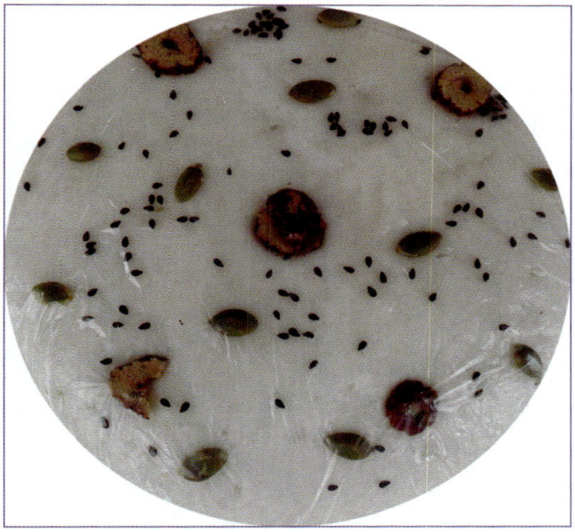

青 糕

简介

青糕，是遂昌地区传统的特色小吃之一，与菊米、烤薯并称遂昌三宝。青糕是由籼米、糯米加艾草蒸制而成，因为颜色呈青绿色，所以称为青糕。成品热软凉硬，色青如黛，鲜香扑鼻，甜而不腻、软糯味美，有止咳平喘、降压祛风的功效，是老少皆宜的传统原生态食品。

产品特色及前景

据《遂昌县志》记载，青糕制作距今已有500多年的历史。最大的特点是在制作过程中加入适量野生艾草，有时也会用鼠曲草代替，使其拥有特殊的色泽、香味和口感，有着独特的青、香、韧、糯等特点，历来深受当地群众喜爱。

艾草（*Artemisia argyi* H. Lév. & Vaniot），又名冰台、遏草、香艾、蕲艾、艾蒿、灸草等，菊科艾属。多年生草本，性味苦、辛、温，入脾、肝、肾。《本草纲目》记载：艾以叶入药，性温、味苦、无毒、纯阳之性、通十二经、具回阳、理气血、逐湿寒、止血安胎等功效，亦常用于针灸[1]。艾草含有丰富的无机物和维生素，它的茎、叶含有挥发性芳香油，有奇特的芳香，可驱蚊蝇、虫蚁，净化空气。

青糕作为一种传统的原生态农产品已经作为遂昌的一种特色旅游产品进行推广，青糕产业得到遂昌政府的支持。青糕在电商平台也受到消费者一致好评。目前青糕生产标准化不统一，也没有大规模的现代化生产，因此需要提升青糕的现代化加工工艺，对杀菌、真空包装环节进行标准化生产，提高青糕的贮藏品质。青糕可以作为一种旅游商品，提升产业价值。

制作工艺

工艺流程：原料制备→打浆→拌料→做生坯→蒸制→成品。

操作要点：

1. 原料

糯米、籼米、艾草、白糖、色拉油。

2. 艾草处理

将采摘的新鲜艾草（晒干也可）清洗干净，用加有少量小苏打的水漂烫2min左右，沥干水分，备用。

3. 打浆

糯米和籼米按3：7的比例混合，浸泡2～3h，清洗，加入适量沥干的艾草混匀，加水打浆，备用。

4. 拌料

米浆挤出水分后变成米粉状，加适量的白糖、色拉油、搅拌，成米糊状。

5. 做生坯

在青糕模具中铺一层箬叶，否则青糕米糊会流掉；将搅拌均匀的米糊放入模具中，并确保每个重量相同。

6. 蒸制

将模具放置在蒸笼中，旺火蒸制3h以上，必须一次性大火蒸熟（如果没蒸熟，第二次再蒸就很难蒸熟）。蒸熟后放凉，切块后即可食用。

7. 食用

青糕蒸熟后可以直接食用，也可以油煎，或者根据个人口味蘸取白糖等调味品食用，或者汤食。

营养参考（每100g）

能量（kJ）	1 157.86	维生素 B_1（mg）	0.06	视黄醇当量（μg）	23.10
蛋白质（g）	4.55	维生素 B_2（mg）	0.02	钠（mg）	1.19
脂肪（g）	5.35	尼克酸 VPP（mg）	0.88	钙（mg）	11.95
碳水化合物（g）	52.64	维生素 E（mg）	1.34	铁（mg）	0.94
膳食纤维（g）	0.94	维生素 C（mg）	0.35		

参考文献

[1] 艾草 . 百度百科 [DB/OL]. https://baike.baidu.com/item/%E8%89%BE%E8%8D%89/682533.

石练菊米

简介

石练菊米产于遂昌石练山，种植历史悠久，遂昌县被命名为“中国菊米之乡”。菊米，合瓣花亚纲，菊目，菊科，多年生草本植物，栽培菊米是黄菊类中的小叶型长叶柄黄菊，植株无毛，花蕾表面光洁，加工后香气足、味甘醇，是人工栽培的理想菊米品种。石练菊米曾被评为浙江省优质农产品，获浙江省优质菊米成就奖、中国浙江国际博览会金奖。

历史文化

据《增广本草纲目》记载，“菊米，处州出一种山中野菊，甚香且轻圆黄亮，云：败毒、散疔、祛风、清火明目为第一，产处州（遂昌）石练山”。清代药物学家赵学敏在《本草纲目拾遗》中指出菊米有败毒、散疔、祛风、清火明目等功效，并点明产遂昌石练山的菊米为最佳。清朝诗人徐景福在《竹枝词•石练菊米》一诗中对石练菊米大为赞叹：“烟村十六接平皋，菊米茎青叶不毛。寄远偏珍菊花米，餐英我欲注离骚。”1996年开始对遂昌石练镇菊米生产基地载培技术进行研究，并推广应用。如今产品远销省内外，出口比利时、日本及我国香港等地。

产品特色及前景

石练菊米富含菊米内酯、野菊花素、黄酮、挥发油等成分，具有清热解毒、清火明目、排毒养颜、平肝降压等作用，是馈赠亲友、招待贵宾之佳品。

遂昌菊米基地主要分布在石练、大柘、湖山、金竹、妙高、王村口、蔡源、黄沙腰等乡镇，其中已有基地通过有机认证。目前，遂昌菊米共有系列产品 50 多种，包括生态冲饮系列、工艺品系列、床上用品系列、日用保健品系列以及正在研发的日用护肤品系列[1]。遂昌菊米已从单纯的代茶饮用品开发出了系列深加工产品，企业走产业化发展道路，菊米市场前景良好。通过专业种植、新品开发、产品深加工等方式，逐步做大做强菊米产业。

制作工艺

工艺流程：采摘→杀青→烘干→包装→成品

操作要点：

1. 采摘

每年10—11月，采摘高山菊含苞待放的菊蕾。

2. 杀青

菊蕾经过2 ~ 3h摊青后即可杀青，温度150~200℃。

3. 烘干

杀青后需摊凉再放入热风炉烘箱烘干，厚度不超过3cm，烘至1 ~ 2h，菊米表面干燥时，出箱装入盛放2h 以上，待菊米内蕊的水分向外层渗透，再进行第2次烘干，直至完全干燥，标准是含水量<8%，即用拇指、食指捏碾菊米，外脆易碎内有仁。

4. 分装

烘干后的菊米按标准进行分级包装，储存在防潮避光、通风干燥处。

5. 饮用

取菊米 30 ~ 40粒冲泡，或20 ~ 30颗菊米掺入绿茶冲泡，即成菊米茶，其汤色翠绿、花香浓郁，具有特殊的芳香气味；品之顿觉味浓醇爽，既解渴生津，又能发挥其独特的药理作用。

参考文献

[1] 傅成林 . 石练菊米的栽培加工技术 [J]. 浙江农业科学，2004（4）：233.

烤 薯

简介

烤薯是遂昌的传统名吃，与青糕、菊米合称为“遂昌三宝”，烤薯以遂昌黄沙腰镇最为出名。遂昌黄沙腰位于九龙山原始森林山脚，四面群峰环峙如盘谷，该地区独特的地理环境使种植的红薯能加工成烤薯这一特色食品。

烤薯精选当地种植的红心番薯浙薯13号为原料，土法秘制后微火烤三天三夜而成，外表呈琥珀色，晶莹剔透，味道清香甜美，质地松软耐嚼，醇厚可口，回味悠长。并且具有和血补中、宽肠通便、防癌抗癌、抗衰老、防止动脉硬化等功效。烤薯曾获中国农业博览会铜奖、浙江省食品博览会金奖、省名特优农产品展销会畅销商品、省名特优新农产品展销会优质农产品。

历史文化

烤薯历史悠久，主产区黄沙腰镇有65%的农户从事烤薯加工。遂昌县依托当地得天独厚的生态优势，把发展烤薯业作为促进农业增效和农民增收的主渠道之一，烤薯行情一路看“涨”，已成为当地的“黄金”产业。黄沙腰烤薯不但有悠久的历史，还有一段红色的故事。1935年，粟裕、刘英率领中央工农红军进入遂昌开展游击战争，开辟浙西根据地。开始，红军进山遇到的最大困难并不是国民党军队，而是饥饿，经常是饥一顿饱一顿，难于开展工作。后来逐步转变思路，在黄沙腰一带和山民一起大量种植了番薯，情况才得以好转，军民们还有口号“种了红番薯，吃饱不辛苦”。怀揣着黄沙腰地瓜干充当干粮的红军战士，也逐渐完成了从正规军到游击队的战略转变，形成了灵活多变的战术，粉碎国民党军的多次“围剿”，把革命的星星之火在浙西大地上燎原起来，黄沙腰烤薯功不可没。

产品特色及前景

烤薯的生产工艺对原料要求十分苛刻。遂昌黄沙腰红薯的种植基地海拔800～

1 000m，独特的地理和气候环境形成了独特的红薯，这种红薯是加工烤薯最好的原料。当地人曾试过用其他地区的红薯加工，但产品品质远不如当地红薯加工的产品。目前不仅有烤红薯，还有烤紫薯，在各大网络平台均有销售，已经作为旅游商品开发，后期通过生产工艺的不断完善，烤薯也将成为丽水如数家珍的特色食品之一。

制作工艺

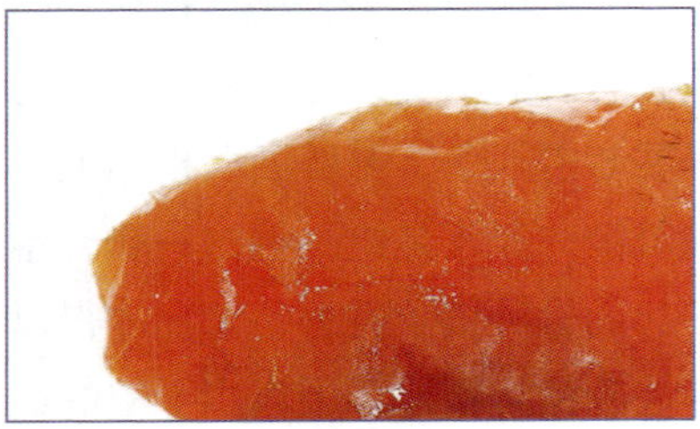

工艺流程：鲜薯→糖化→去皮→成型→烘烤→包装杀菌→成品。

操作要点：

1. 鲜薯选择

选择当地种植的浙薯13号红心薯，其粗纤维含量少，可溶性糖含量比较高，适宜加工烤薯。要求薯块表皮光滑，无纵沟，根毛少，无病斑，不开裂。

2. 糖化

鲜薯放地窖或者室内阴凉通风处放置30d左右，单层散堆地面，进行糖化预处理。

3. 去皮

入锅隔水蒸煮1h以上，待薯中心切面无白色淀粉块，呈透明糯糊状即蒸熟，后去皮。

4. 成型

根据成品重量的需要，按卵圆形的要求，切下净薯肉揉捏成型。

5. 烘烤

做好饼状后，放到农家特制的烤薯火笼中烤制。不时翻面定型，边定型边烤，微火烘烤2d左右。

6. 包装杀菌

烘烤整型后按规定重量进行真空包装，并进行高温灭菌。

营养参考（每 100g）

能量（kJ）	1 224.7	碳水化合物（g）	66.0
蛋白质（g）	3.1	钠（mg）	0
脂肪（g）	0.6		

白马玉笋

简介

盛夏时节，春笋早过，当人们渐渐淡忘笋滋味的时候，白马山一种特有的小野笋，方才缓缓登场，笋肉厚实、青白如玉、鲜滑细嫩、清脆爽口，无论煲汤还是清炒滋味都妙不可言，让爱笋之人惊艳不已。此笋名为白马玉笋，富含多种氨基酸和微量元素，低脂、低糖、多纤维，对肥胖、高血压、冠心病、糖尿病等具有辅助疗效。

白马玉笋生长在国家级森林公园白马山及周边山区。白马山公园海拔1 600多米，森林覆盖率达96%以上，独特的土壤和气候条件成就了天然有机食品白马玉笋。白马玉笋加工过程中不含任何防腐剂，保持了新鲜竹笋的营养价值和脆嫩口感，已经通过国家有机食品认证，并荣获浙江农博会金奖。

历史文化

相传，有神仙将马鞭倒插在白马山顶上，后来就长出了大片的小竹笋。小竹笋洁白如玉,形似观音玉指，故又称为“玉笋”。大家不辞辛苦跑到白马山上去挖笋，发现这种笋不但营养丰富，口感也较其他笋更脆嫩爽口，因此也越来越受到消费者喜爱。白马玉笋在《舌尖上的中国》一经播出，名扬四海，所有人都知道在海拔1 000m以上，终年薄雾笼罩的白马山腰，竹林里隐约晃动的翠绿，就是白马玉笋，吃货们的最爱！

产品特色及前景

白马玉笋特指生长在白马山及周边的小野笋，这里的自然环境造就了天然有机的白马玉笋。笋属于低脂多纤维类食品，符合现代营养膳食的标准。由于鲜笋保质期短，要想吃到新鲜的玉笋，需要到当地去品尝其鲜味。为了让消费者一年四季都能吃上白马玉笋，真空包装的玉笋应运而生，成为丽水遂昌的一个特色农产品品牌。

制作工艺

工艺流程：去衣清洗→预煮→微发酵→杀菌→分装→杀菌→成品。

操作要点：

1. 原料

白马山野笋。

2. 去衣清洗

选择白马山生长的实心玉笋，去笋衣并清洗干净。

3. 预煮

清洗后的玉笋放入蒸煮锅中进行蒸煮预处理。

4. 微发酵

预煮冷却后的原料放入特制的贮藏罐中进行一段时间自然乳酸菌发酵，发酵完成后密封，放入杀菌锅杀菌2h，可贮藏6～12个月。

5. 分装

将贮藏罐中的笋取出，按规格称重，进行真空包装。

6. 杀菌

分装后的玉笋再进行一次热杀菌，即为成品。

7. 食用

开袋清洗后，煮3～5min，即可直接烹饪，可炒炖、做汤、烫火锅等。

营养参考（每100g）

能量（kJ）	384.6	脂肪（g）	0	膳食纤维（g）	1.3
蛋白质（g）	2.2	碳水化合物（g）	1.8	钠（mg）	0

龙谷丽人茶

简介

遂昌县森林覆盖率达81.3%，林壑幽美，涧谷纵横，气候宜人，被誉为华东地区的一座天然氧吧，素有“浙南林海，遍地金银，云雾山茶，钱瓯两水”的美誉。遂昌县茶园大多分布在海拔200～800m的山地，优越的自然生态环境造就了遂昌茶叶独特的高山云雾茶优异品质。龙谷丽人茶特指遂昌县龙谷名茶开发中心于2001年新创制的一种针芽型名茶，该茶条索浑直似眉，色泽翠绿显毫，香气清幽持久，滋味甘醇爽口，叶底细嫩明亮，冲泡杯中，茶芽直竖，亭亭玉立、恰似丽人起舞，具有高山云雾茶的特有韵味，故名“龙谷丽人”。

历史文化

遂昌县产茶历史悠久，茶叶经济历来是农村经济中的一个重要组成部分。遂昌县依托良好的生态环境优势和原生态种养技术，积极发展原生态农业，茶叶成为生态农业的重头戏。“龙谷”为龙之谷，给人深山幽谷之想象，既体现优越的生态环境，合乎遂昌作为国家级生态示范区打生态牌的创意，又含吉祥、大气之意，体现阳刚之美；“丽人”把形美、色嫩、味香的好茶拟人化，极富诗意，正合苏东坡的“从来佳茗似佳人”品茗佳句，体现阴柔之美。

产品特色及前景

该茶条索浑直似眉，色泽翠绿显毫，香气清幽持久，滋味甘醇爽口，叶底细嫩明亮，冲泡杯中，茶芽直竖，亭亭玉立、恰似丽人起舞，具有高山云雾茶的特有韵味。龙谷丽人茶已先后通过国家绿色食品、有机茶标志认证，为浙江省著名商标和浙江名牌产品，被评为中华文化茗茶，遂昌县被命名为“中国龙谷丽人茗茶之乡”“中国名茶之乡”。2001年，遂昌县全面启动茶叶产业化工程建设，以优化品牌、优化品种、优化品质、优化茶厂为抓手，共同努力促进茶产业迅猛发展。龙谷丽人远销杭州、上海、北京等国内大中城市。

制作工艺

工艺流程：种植采摘→摊放→杀青→捻揉→整型→干燥→成品。

操作要点：

1. 采摘

龙谷丽人茶的采摘技术极为讲究，一般在“春分”前后开采至“谷雨”结束，采摘标准为单芽，特级原料以新萌发未展叶的单芽为标准，其他等级允许包含少量一芽一叶初展的芽叶。鲜叶原料按质量分为特级、1～3级四档，特级原料芽头要占95%以上，一级茶90%以上，二级茶85%以上，三级茶80%以上。在采摘中要求做到五不采，即不采雨、露叶，不采冻害芽叶，不采病虫芽叶，不采紫芽叶，不采对夹叶及其他不符合标准的原料，要求提手轻采，不带蒂头、鳞片、鱼叶和其他夹杂物，无劣变或异味。鲜叶用竹篓盛放并及时进厂加工。

2. 摊青

摊青场地应通风、干燥、清洁、不受阳光直射，避免畜禽和闲杂人员进入。鲜叶按品种、大小、地块不同分别摊放在竹簟上，不可直接摊放在水泥地面上，更不能摊放在泥地上；摊青厚度视温湿度而定，一般在1cm左右，摊放6～10h，中途不翻动，至茶芽稍变软，表面光泽减退，青气消失，清香显露，失水15%左右时为适度。

3. 杀青

常使用微型6CST-30或40型滚筒杀青机机械杀青，也可利用电炒锅（龙井锅）手工杀青，具体操作如下。

——滚筒杀青机杀青

机器生火后及时启动电机，使滚筒转动。待进茶口空气温度达120～130℃，出茶口空气温度90℃左右时，即可开始投叶。刚开始时要适当增加投叶量，防止出现焦叶，若杀青程度偏嫩可以再回杀一次，随后均匀投叶。当达到杀青质量要求时，要稳定投叶量和烧火温度，使杀青质量保持一致，达到杀透、杀匀的目的。

为保证龙谷丽人茶的翠绿色泽与清香味，在开始投叶的同时，开动出茶口的电风扇，使出口的杀青叶迅速降温，排除热气和水蒸气，以防闷黄。

为提高产品质量，杀青程度宜重不宜轻；为确保足够的失水量，去除生青气，发挥正常的茶香，可使用滚筒杀青机进行第二次杀青。

——电炒锅手工杀青

手工杀青在龙井锅中进行。锅温：青叶下锅温度为120～130℃，以青叶下锅时有轻微的爆声为适度。投叶量：200～250g，视炒制者手掌大小而定。青叶下锅抛炒约半分钟左右，有水蒸气逸升时，用麦秆扇或电风扇扇风排除蒸汽。开始以抖炒为主，手势要轻，动作要快，锅中茶叶捞干净，手中茶叶下去要抖得散。具体操作时手指松开，轻压青叶沿锅壁而上，然后马上抖撒回锅底，这样往复进行2～3min，青气消失，闻有茶香即可降温，转向轻抓松扣，理直茶条，至触手感觉即可起锅薄摊

散热，全程6～8min。

4. 搓揉

杀青叶摊凉后置于篾匾上，双手伸直握住茶叶前后搓条轻揉，时间1min左右，使茶叶紧直完整。

5. 理条

锅温150～170℃，振动频率（135±5）r/min，投叶量75～100g/槽，7～8min后，茶叶在槽锅中发出轻微的“沙沙”声，茶条已理直，手捏有发硬感时出叶。

6. 搓条整形

理条叶摊凉30～60min后，在龙井锅或专用平锅中搓条整形。锅温80～60℃，先高后低；投叶量200～250g；手势是双手伸直，握住茶叶前后搓条，至茶条浑直紧结，基本定型，折而不断，有明显刺手感为适度，出锅摊凉回潮。

7. 干燥

采用“炒—烘”结合模式：首先使用多功能机，温度设定在120～150℃，振动频率（120±5）r/min，时间8～10min，至茶叶表面光滑挺直，近九成干时出叶摊凉。30～60min后，使用烘干机分段烘干。毛火：温度90～100℃，要求薄摊、勤翻、轻翻，烘至茶条一折能断时出叶摊凉还潮60～90min。足火：文火慢烘，尽量轻翻，温度70～80℃，时间15min左右，烘至手捻茶条即成粉末为适度。出叶摊凉、割末、分级包装。

龙谷丽人茶按产品质量分为特一、特二、一级、二级4个级别，各级茶品质特征见下表。

表　龙谷丽人茶品质特征

等级		特一（极品）	特二（精品）	一级（名品）	二级（名品）
外形	条形	全芽、紧结浑直隐毫	单芽占90%以上，条紧浑直	单芽占80%以上，条紧直	单芽占80%以上，尚紧直
	色泽	翠绿光润	绿润	绿尚润	色绿
	整碎	匀整	匀整	尚匀整	尚匀整
	净度	全芽匀净	匀净	匀净	尚匀净
内质	香气	嫩香	清香持久	清香	香、纯正
	汤色	嫩绿、清澈明亮	绿、清澈明亮	绿、清澈明亮	绿、尚明亮
	滋味	鲜爽	鲜爽	鲜醇	尚鲜醇
	叶底	全芽、嫩绿明亮	匀齐、嫩绿明亮	匀、绿明亮	绿、尚明亮

千层糕

简介

千层糕用籼米制作而成，既无糯米的粘腻纠缠，也无面粉的紧绷密致，成品有棕、绿、白、紫、橙等各色分层，又名七彩糕、彩虹糕。口感清爽润滑，既柔软又坚韧，软中带Q，有米香和质朴的草木灰香。

千层糕的秘诀就是草木灰。干净的稻草烧成灰烬，加水煮开沉淀过滤出水，再用草木灰水浸泡早籼米制作，所以千层糕总有一种故乡的泥土味，让人难以忘怀。

历史文化

明朝万历年间，汤显祖任遂昌知县，兴教办学，文风大炽。相传有位书生上京赶考，路途遥远归期不定，家中母亲担心儿子在外饮食不适，把当地糕点都备齐，准备让儿子带上。临行前才发现红红绿绿、大包小包实在太多，靠一个书童根本带不了，一时间愤懑无奈，离情别绪涌上心头，不由放声大哭。都说天遂人愿，此刻天降暴雨，无法启程，母亲高高兴兴留儿再住一晚。也许是雨后天晴彩虹的启发，也许是爱子心切的奇思妙想，这位母亲当晚把花花绿绿的各色糕点，层层叠加重新加工，做成了千层糕，让儿子一路品尝着家乡的味道。千层糕从此成为家乡的第一味道。

产品特色及前景

千层糕是大众美食，世界各地均有传承。而遂昌的千层糕因为加入的植物碱，更具有特殊的米香和草木灰的碱味。千层糕制作原料多种多样，根据不同颜色可以使用不同的原料调色，因此色彩丰富，层次分明，多重口感。因为原料中时常加入丝瓜叶、胡萝卜汁、紫薯汁等，更具营养价值。适合各个年龄段使用，丰富的色彩同样很吸引小孩子。千层糕目前不仅在遂昌以及丽水地区各大酒店、小吃店销售，在淘宝、微信等平台也销售得风风火火。因此千层糕可以作为一种遂昌特色食品，开发成旅游商品。

制作工艺

工艺流程：制作植物碱→浸泡磨浆→米浆制作→蒸制→成品。

操作要点：

1. 原料

籼米、植物碱、红糖、丝瓜叶。

2. 制作植物碱

取山中一种灌木烧成灰，加入一定量的水，过滤，取其汁备用（俗称植物碱）。

3. 浸泡磨浆

早籼米用植物碱水浸泡2h，清洗、加适量水磨成米浆。

4. 不同颜色米浆制作

一份米浆里加红糖搅拌颜色为棕色，一份米浆里加丝瓜叶汁搅拌颜色为绿色，一份米浆无添加任何成分颜色为白色（也可以加紫薯粉、胡萝卜汁等，增加不同的颜色和营养）。

5. 蒸制

先在蒸笼上浇一层白色的米浆，盖上盖子，约15min蒸好后，开盖浇上一层棕色米浆，继续蒸制10～15min，再开盖浇一层绿色米浆，以此顺序重复，可以到8～10层。根据层数蒸制时间不同。

6. 切块、食用

蒸好后放置稍冷却，切成菱形，即可食用。如果放凉，也可以一层一层吃。

营养参考（每 100g）（以只添加红糖计）

能量（kJ）	587.71	膳食纤维（g）	0.09	钠（mg）	3.25
蛋白质（g）	2.13	维生素 B_1（mg）	0.04	钙（mg）	26.48
脂肪（g）	0.23	维生素 B_2（mg）	0.01	铁（mg）	0.61
碳水化合物（g）	32.54	尼克酸 VPP（mg）	0.51		

长 粽

简介

遂昌高坪长粽选用野生高山箬叶包扎呈长条形，包裹经柴灰汁浸渍的高山糯米、农家梅干菜和土猪肉。经柴火高温慢煮，成品粽身金黄油亮，粽米香糯润滑，细腻柔软。高坪最长的长粽有两米多，需要放在特制的铁皮桶里煮一天，慕名而来的游客经常看得目瞪口呆、叹为观止，因此长粽也被称为粽子界的“高富帅”。

历史文化

遂昌自古以来便有“送端午”的习俗。新婚第一年的新人，在端午节需要精心准备，给娘家送礼，其中长粽必不可少，送上亲手制作的长粽，代表了男方家对女方家的尊重和诚意。长粽因其粽身较长，人们总是将它切段与家人一起分享，因而还有“分享粽”的名号。箬叶里包的是长情，是一代人的传统和祝福。

产品特色及前景

遂昌高坪长粽原料采用高山糯米和土猪肉，经植物碱浸泡的糯米更显香糯。现在长粽在口味上也有了创新，增加了蛋黄、蜜枣、豆沙等多重口味，但梅干菜和土猪肉依然是长粽馅料的经典组合。柴火高温慢煮，不仅增加了长粽细腻柔软的口感，也代表着制作者的长情。长粽如今成为了新晋食品界的小网红，在电商平台卖得越来越火， 其产业发展模式可以参照嘉兴五芳斋粽子，发展成为代表丽水遂昌特色的商品。

制作工艺

工艺流程：原料前处理→包粽→蒸煮→成品。

操作要点：

1. 原料

糯米、土猪肉、梅干菜、盐。

2. 原料前处理

箬叶：选择7 ~ 8cm宽的野生箬叶，清水浸泡一天，待用。

糯米：取山上一种灌木的枝叶，烧成灰、加水、沉淀、过滤，取汁液浸泡糯米4 ~ 5h。

土猪肉：切长条，腌2h左右。

3. 包粽

包长粽讲究的是耐心、手感、力道。一人手持箬叶，一层层叠放平整均匀，一人添加适量的糯米、梅干菜和肉条，两人合力，用龙须草捆紧粽子包裹成圆，直到成型。

4. 蒸煮

长粽放入特制的铁锅，加水，没过粽子，煮4 ~ 6h。有些更长的粽子，需要蒸煮12h或者更久。煮好后，切段食用。

营养参考（每 100g）

能量（kJ）	920.0	碳水化合物（g）	46.3
蛋白质（g）	4.5	钠（mg）	304.0
脂肪（g）	1.1		

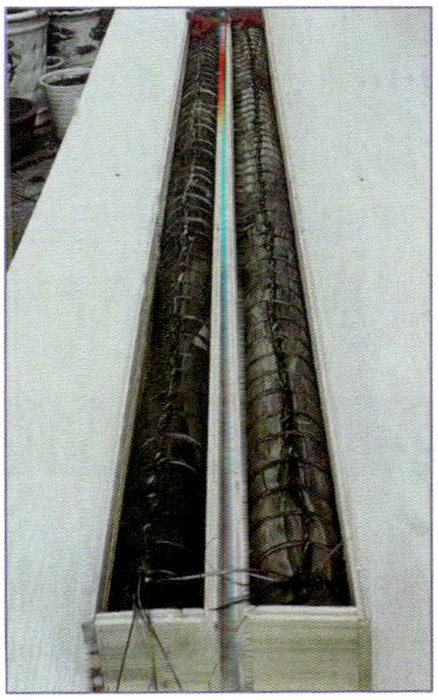

焦滩鱼头

简介

焦滩位于遂昌的乌溪江水库东部源头，坐拥国家一级水源地，一弯青溪蜿蜒，两岸碧峰相对，是一处依山傍水冬暖夏凉的世外桃源。依托乌溪江得天独厚的水质，这里的有机鳙鱼个头硕大，肉质鲜嫩，完全没有泥腥味，富含蛋白质和氨基酸，具有降脂益智力之功效。

焦滩鱼头因其烧法独特，口感浓郁而得名。鱼头细润滑嫩，入口即化，鱼汤纯白如奶，清香四溢，兼有鲜爽、香滑、浅辣、甘甜等诸般味道，令人舌不暇接，赞不绝口。

历史文化

焦滩鱼头始于1984年，原本只是路边一家不起眼的小吃店老肖焦滩鱼头馆，为村民肖立雄所开。其儿子肖建富中专毕业，因小儿麻痹症没有参加工作，就此接手鱼头馆，潜心研究厨艺，在鱼头烧制上推陈出新，生意更加红火。

2010年，村边石王公路拓建通车，游客渐多。肖建富向村里建议兴建“鱼头一条街”。2010年年底，13家鱼头馆统一开张。除了3家“老字号”外，其余10家都是新手，因此肖建富免费给大家培训，各家生意日渐红火。焦滩鱼头的品牌效应逐渐形成，名声远扬，食客纷至沓来，成为遂昌美食的传奇。

产品特色及前景

焦滩鱼头原料中加入藿香，与鲢鱼味道相辅相成，使鱼头味道更加鲜美。

藿香[*Agastache rugosa*（Fisch. et Mey.）O. Ktze.]，又名：大叶薄荷、合香、苍告、山茴香、青茎薄荷等，属唇形科多年生草本植物。藿香含芳香挥发油0.5%、油中主要为甲基胡椒酚（约占80%）、柠檬烯、α-蒎烯和β-蒎烯、对伞花烃、芳樟醇、I-丁香烯等，对多种致病性真菌，都有一定的抑制作用，芳香挥发油是制造多种中成药的原料。藿香的食用部位一般为嫩茎叶，其嫩茎叶为野味之佳品。可凉拌、炒食、炸食，也可做粥。藿香亦可作为烹饪佐料或材料。因其具有健脾益气的功效，是一种既是食品又是药品的烹饪原料，故某些比较生僻的菜肴和民间小吃中利用其丰富口味，增加营养价值[1]。

遂昌乌溪江水库，是国家一级水源地，优质的水源必然造就优质的淡水鱼。焦滩的旅游开发带动了焦滩鱼头产业的发展。随着焦滩鱼头的知名度越来越高，也带动了遂昌焦滩旅游业的发展。

制作工艺

工艺流程：原料前处理→蒸煮→成品。

操作要点：

1. 原料

焦滩鳙鱼头、嫩豆腐、黄瓜、藿香（大叶薄荷）、食盐、色拉油、生姜、大蒜、辣椒、黄酒、白糖、酱油。

2. 原料前处理

黄瓜、豆腐切块，用冷水煮至半熟，待用；鳙鱼头切块，入油锅，煎至两面金黄待用。

3. 蒸煮

生姜、大蒜、干辣椒加入锅内煸香，放入鱼块一起，加黄酒、白糖，酱油、开水，煮5～10min。

4. 成品

把鱼头整锅倒入黄瓜豆腐锅内，加入切细的大叶薄荷；整锅放置在农家风炉上，边煮边吃。

营养参考（每 100g）

能量（kJ）	286.83	维生素 B_1（mg）	0.03	视黄醇当量（μg）	19.40
蛋白质（g）	8.20	维生素 B_2（mg）	0.07	钠（mg）	331.39
脂肪（g）	2.33	尼克酸 VPP（mg）	1.49	钙（mg）	66.67
碳水化合物（g）	3.98	维生素 E（mg）	1.90	铁（mg）	1.37
膳食纤维（g）	0.38				

参考文献

［1］ 藿香 . 360 百科 [DB/OL]https://baike.so.com/doc/5367573-5603335.html#5367573-5603335-6.

红糖麻糍

简介

麻糍是由糯米加工而成、带黏性微甜，在江南一带广为流传。在遂昌，有种独特的红糖麻糍。每年入夏新糯上市，蒸熟后放入石臼，反复捶打成饼。然后切成小块，或扁或圆，内裹加红糖，外擦一层熟粉，以不见糖为合格。每到市日，胡同口、古树下、柳亭边，均有叫卖，应者云集。入冬，制成薄饼，平锅热烤亦佳。红糖麻糍因其脆甜香糯、细腻黏滑、口感独特而颇受人们青睐。

历史文化

麻糍亦有自己的节日叫麻糍节，又称老佛节，起源于秋收后庆丰收祭拜天地神灵的仪式，已经沿袭数百年，是浙江江山、遂昌一带的传统。按照传统仪式，家家户户都要摆酒席，准备祭祀用品，扛着神像游街。具体情形大致如此：有专门的戏班抬着佛像进村，村人就宰猪杀鸡,邀请四方亲朋好友吃红糖麻糍饭，热闹一天。第二天，戏班又抬着佛像到邻村，邻村又同样上演着欢庆的一幕。就这样，一村一村挨下去。实际上，“麻糍节”已经成为欢庆丰收的节日，老百姓普遍认为，谁家的客人多，谁家的面子就大。曾经有人家连摆一个星期的酒席，宴请客人数百之众。

产品特色及前景

一般麻糍制作工艺复杂，需要经过蒸、舂、整、晾四道工序，遂昌以及丽水很多地区都有打麻糍的习俗，口味也分很多种。红糖麻糍跟一般的麻糍相比，具有以下特点：加入红糖，红糖和黑芝麻混合裹在麻糍里面，更加香甜酥脆；红糖麻糍的外形是菱形表面呈白色，一般麻糍是圆形，表面裹芝麻或者豆粉。

红糖麻糍是遂昌以及丽水的很多酒店、宴席上的常用甜点。独特的口味和精致的

外形受到女性以及小朋友的强烈追捧。但是由于是油炸食品热量较高，因此食用要适量。作为一种甜点，红糖麻糍应该说是具有地方特色的甜点翘楚。

制作工艺

工艺流程：制作米饼→炸制→加糖→做型切块→成品。

操作要点：

1. 原料

糯米粉、红糖、黑芝麻、色拉油。

2. 制作米饼

糯米粉和沸水按一定比例混合，用面粉搅拌机搅拌均匀，揉成饼状，压成长方型的薄片，冷却后放冰箱冷冻，备用。

3. 炸制

锅内烧热油，放入米饼，炸1 ~ 2min，至两面金黄，捞出沥油，备用。

4. 加糖

将红糖和炒熟的黑芝麻混合，均匀地撒在炸好的米饼上。

5. 做型切块

将米饼卷成筒状，稍微压实，切成小段，即可食用。

营养参考（每 100g）

能量（kJ）	1 560.60	膳食纤维（g）	1.70	维生素 E（mg）	11.59
蛋白质（g）	6.52	维生素 B_1（mg）	0.12	钠（mg）	4.88
脂肪（g）	15.10	维生素 B_2（mg）	0.04	钙（mg）	106.45
碳水化合物（g）	52.84	尼克酸 VPP（mg）	1.59	铁（mg）	3.37

云和

特色食品

云和雪梨

简介

云和雪梨，县志上叫“消梨”，即温州人说它“消暑”功效神异的意思。该果果大皮薄，汁液丰富，松脆可口、清润留香，耐于贮运。传统云和雪梨产地在云和县苏村、沈坑、包山等区域，保护区主要是包山。云和雪梨不仅是消暑解渴的圣品，更代表着县域发展品牌，是一张与外界交流、宣传云和的金名片。

发展历史和产业前景

云和雪梨是云和县传统特色水果，始种于明景泰年间，具有500多年的栽培历史，是浙江省12种传统名果之一，也是全省三大传统名梨之一。1915年，云和雪梨酒获得了巴拿马国际博览会铜质奖。这样的殊荣，大大推动了云和雪梨的发展。发展至今，全县云和雪梨种植面积达1.1万余亩，被授予“中国优质雪梨重点县”。2003年8月，时任省委书记习近平到云和考察，就对云和雪梨给予了高度评价，是云和县的农业特色产业之一，种植和销售云和雪梨更成为当地农民增收致富的重要渠道。云和雪梨荣获“中华名果”称号，至今已拥有国家级金奖3个，省级金奖22个，而云和县也被中国果品流通协会授予“中国优质雪梨重点县”。

在“十一五”期间，云和雪梨经历了短暂的产业低谷，丰产不丰收的现象上演于街市与梨园，造成大量的梨园荒芜。但2010年以来，凭借云和雪梨的良种优势和生态资源优势，跌落低谷的云和雪梨产业再次崛起。2010年，在崇云省级现代农业综合区建设之际，作为该县传统优势特色农产品，云和雪梨又迎来了前所未有的发展机遇，成为现代农业综合区建设水果主导产业示范区的亮点之一。2011年，在浙江省森林城市创建热潮推动下，云和县又先后举办了“云和雪梨展示会”“梨王”争霸赛、“云和雪梨”节等系列主题活动，在社会各界营造了良好的舆论氛围，掀起了全县新一轮发展云和雪梨的高潮。2012年，“仙宫”牌云和雪梨成为丽水市首个通过省气候品质优级论证的农产品，品牌效应更加彰显。2013年，全县致力于打造“五大名城”，而云和雪梨被经营为一个生态产品、文化产品、旅游产品，并在温州成功举办了“云和雪梨品鉴会”，再次将其推到了特色精品水果顶端。2016年云和雪梨地理标志申报成功，使云和雪梨的知名度和市场竞争力不断增强，为做强做大该产业提供了保障。2017年云和县启动“十三五”云和雪梨一二三产融合提升项目，着力实施云和雪梨振兴工程，为推动云和雪梨进一步发展奠定了基础。

煎　雀

简介

煎雀又称为煎粟，是云和的一种传统特色小吃。煎雀主要以糯米粉、番薯、白糖为原料经混合、揉搓、油炸而成。其外观呈金黄色，中空香甜，皮酥脆、内馅软糯有韧而不粘口，特别是在起锅时趁热吃，口感更好，深受男女老少的青睐。由于其形状似小麻雀的身子而用油煎，得名煎雀。又有一说法称其是以杂粮为原料而做，所以又名为“煎粟”。

产品特色和产业前景

煎雀作为一种油炸性食品，主要特点是采用山茶油进行油炸工艺，并且大部分原料是番薯，因此比其他油炸食品相对健康。煎雀表皮酥脆，内陷软糯香甜，加上番薯特有的香甜，这种口感也是油炸食品中不可多得的，因此经年不衰。

以前煎雀是云和人过年过节不可或缺的传统美食，因其色红、味甜，与元宝鱼（余）、红酒（久）、年糕（高）等同属吉祥食物，深得人们喜爱，是家家户户必备的美食。如今这种只有逢年过节才吃的美食已经成为街头巷尾常见的小吃，在云和的酒店或者景区内也有销售，不仅是云和人的美食，也成为众多旅游消费者喜爱的云和特色美食之一。

制作工艺

工艺流程：原料制备→蒸红心番薯→搅拌揉面→做形→油炸→成品。

操作要点：

1. 原料

糯米粉、红心番薯、白糖、山茶油。

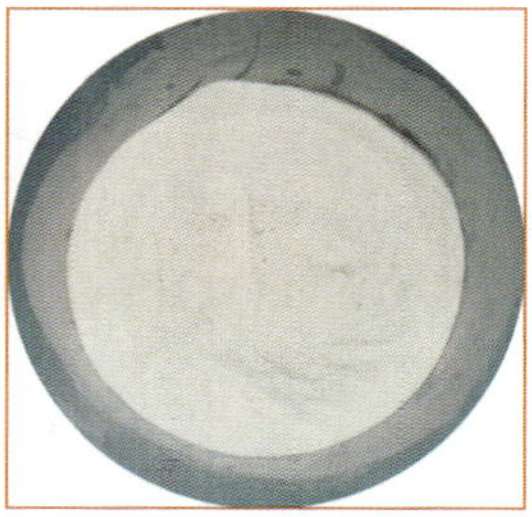

2. 蒸番薯

红心番薯去皮、切块、上锅蒸熟，搅拌成薯泥状，备用。

3. 搅拌揉面

番薯泥中加入白糖，搅拌均匀，然后再倒入糯米粉不停地搅拌，使米粉、番薯与白糖充分融合（根据软硬程度可加适量水），揉成软硬适中的面团。

4. 做形

取适量揉搓好的面团切成拇指大的小粒，然后搓成椭圆形。

5. 油炸

将搓成形的煎雀放入油锅中，炸的过程中不停翻面，待到煎炸至金黄色，捞出，沥油，即可食用。

营养参考（每 100g）

能量（kJ）	1 132.65	脂肪（g）	3.60	膳食纤维（g）	0.92
蛋白质（g）	5.19	碳水化合物（g）	54.38	钠（mg）	11.58

油筒饼

简介

油筒饼是云和的传统特色小吃，一般秋冬季南瓜、萝卜成熟，山茶油上市是制作油筒饼最好的时期。该小吃奇香扑鼻、颜色金黄，食之松脆爽口、清醇甘辣，各具口味，妙不可言，深受男女老少的青睐，是不可多得的民间美食。

发展历史

以前在农村，有流传“茶油一响，黄金万两”说法，以示丰收季节来临，而此时也到了秋冬季南瓜、萝卜收成时节，家家户户就会备齐原料制作油筒饼，以示丰收，慰劳家人。

产品特色及产业前景

油筒饼制作使用的是山茶油，本地特产，山茶油含丰富的不饱和脂肪酸，以及山茶苷、茶多酚，具有抗氧化和消炎功效的角鲨烯，维生素E等，不含芥酸、胆固醇、黄曲霉素和其他添加剂，是一种营养价值较高的食用油。因此用山茶油做出的油筒饼比其他的油炸产品更具有营养价值。

如今的油筒饼已经成为云和的大众小吃，在云和的酒店、学校、闹市、路口等人群聚集的地方均能看到油筒饼的身影，很多人排队只为品尝油筒饼的美味。

制作工艺

工艺流程：稀释早米粉→做馅→制作油筒壳→制作油筒→脱筒→油炸→成品。

操作要点：

1. 原料

早米粉、南瓜（萝卜）、茶油、盐。

2. 稀释早米粉

将早米粉用水稀释至有一定的流动性，备用。

3. 做馅

南瓜或者萝卜去皮，切碎成丝，加入食盐（依照不同口味可加入辣椒），备用。

4. 制作油筒壳

需要用特制的油筒提——圆筒、平底、老酒杯大、高一寸，安提柄。将早米水粉放入油筒提中，把油筒提浸入滚沸的山茶油中，浸入油锅八分，油不要没过筒面，略烫一会，等油筒内四周附着薄薄一层米粉，油筒饼的壳身已形成时取出，倒出油筒中多余的早米水粉。

5. 制作油筒

在筒壳内放入南瓜丝（萝卜丝）馅料，与筒饼壳身齐平，然后再在油筒上盖一层薄薄的早米水粉，把油筒提整个没入沸腾油锅中。

6. 脱筒

等油筒提中上层的早米水粉转黄变硬，与壳身结合时，即可脱筒。

7. 油炸

将脱筒后的油筒饼倒入油锅中，炸至金黄色，取出，即可食用。

营养参考（每 100g）

能量（kJ）	548.04	维生素 B_1（mg）	0.04	视黄醇当量（μg）	109.52
蛋白质（g）	1.88	维生素 B_2（mg）	0.03	钠（mg）	372.72
脂肪（g）	7.12	尼克酸 VPP（mg）	0.54	钙（mg）	13.42
碳水化合物（g）	14.73	维生素 E（mg）	2.22	铁（mg）	0.52
膳食纤维（g）	0.70	维生素 C（mg）	5.92		

麻叶馃

简介

麻叶馃，作为云和的民间常见糕点小吃，深受男女老少的青睐。麻叶馃主要是由绿色植物苎麻的嫩叶和糯米、粳米为原料制作而成，制作工艺独特之处在于制作过程加入土蜂蜜，因而风味独特，营养丰富。其成品色泽翠绿，闻之清香扑鼻、食之甜而不腻、糯而不黏。另外在景宁畲族也有做麻叶馃的习惯，当地称为麻叶麻糍，做法不同之处在于其加盐而非糖，因此口味属于咸口。

苎麻[*Boehmeria nivea*（L.）Gaudich]，荨麻科苎麻属亚灌木或灌木植物。性寒，味甘。具有清热利尿，安胎止血，解毒的作用。

历史文化

麻叶馃是云和民间特色小吃，已有多年历史。有民间传说，远方有个女儿国都是女人，没有男人，那些女人会在每年的立夏时节向南方的男人"朝男风"，之后她们就会生小孩了，而这边的男人被"朝男风"后会很累，腿脚必软，懒得干活。而此时这边的女人就会做麻叶妞即"撑腿棍"给男人吃，男人吃后腿脚必软现象就会消除，就可身强力壮地去干农活了。于是，就有了家家户户都在立夏时节做麻叶馃这个习俗。

产品特色及前景

苎麻叶中具有较多的纤维素，有促进肠蠕动、预防便秘的作用。麻叶馃以其精致的外形和甜而不腻、糯而不黏的口感以及天然绿色的原料，成为云和特色糕点小吃之一。在当今注重食品天然养生的情况下，麻叶馃的消费市场也在逐渐扩增，越来越受到消费者的追捧。

制作工艺

工艺流程：苎麻叶清洗漂烫→原料混合搅拌→制作米胚→做形→蒸制→成品。

操作要点：

1. 原料

苎麻叶、糯米粉、粳米粉、白糖、蜂蜜。

2. 苎麻叶清洗漂烫

将采摘的新鲜苎麻叶嫩叶清洗干净，沸水中漂烫1min左右，取出，冷水漂洗干净，再沥干，备用。

3. 制作米胚

在沥干的苎麻叶中加入糯米粉和粳米粉（糯米粉：粳米粉=4：6，或根据个人口味调整），然后再添加适量的白糖、蜂蜜和水，搅拌均匀，不断揉捏，做成麻叶胚。

4. 做形

把麻叶馃胚切割成小块，揉搓制作成形。

5. 蒸制

把成形的麻叶馃放入蒸笼，蒸制10～20min，出锅后即可食用。

6. 食用

麻叶馃蒸好后可以直接食用，也可以油煎，味道更香甜。

营养参考（每100g）

能量（kJ）	1 001.49	维生素 B_1（mg）	0.06	视黄醇当量（μg）	20.12
蛋白质（g）	5.03	维生素 B_2（mg）	0.04	钠（mg）	3.18
脂肪（g）	0.51	尼克酸 VPP（mg）	0.91	钙（mg）	17.81
碳水化合物（g）	53.79	维生素 E（mg）	0.50	铁（mg）	0.74
膳食纤维（g）	0.33	维生素 C（mg）	1.34		

注：表中计算以糯米粉：粳米粉：苎麻叶=10：10：1计

碳烤鱼干

简介

碳烤鱼干，选择云和紧水滩中的刀鱼或黄尾巴鱼经过碳烤加工而成，在云和紧水滩镇龙门村和梓坊村等均有加工和销售。云和紧水滩水质优良，环境优美，这里生长的小鱼肉质鲜嫩，口感鲜美，而加工成的碳烤鱼干口感更为松脆，味道更加鲜美。随着紧水滩镇休闲旅游业的不断发展，带动了当地生态农副产品的发展，而碳烤鱼干因其食材优质，味道鲜美而受到旅游消费者的青睐。

历史文化

紧水滩镇位于云和县城北部，地处瓯江干流上游，距县城18km，交通便利，被称为“养生福地，渔人天堂”，先后取得“东海文化明珠乡镇”“省级教育强镇”“全国生态镇”“全国环境优美镇”等荣誉称号。龙门村和梓坊村紧靠紧水滩水库，所以许多村民靠打鱼为生，20多年前这里就碳烤鱼干生产，当时村民生活条件比较差，为了能让打上来的鱼有效储存，村民们就将捕捉的鱼烤成鱼干，延长它的保存时间；近几年，梓坊村在政府的支持下，全力发展旅游业，农家乐也做得风风火火，当地村民的生活条件提高了，但是保留着碳烤鱼干的风俗。如今碳烤鱼干不但在云和卖得风风火火，很多游客吃过之后都赞不绝口，纷纷下单订购，云和的碳烤鱼干也被更多的外地游客熟知，同时带动了云和的农业发展。

产品特色及前景

碳烤鱼干选择天然的木炭进行烤制，原料中的刀鱼来源于紧水滩水库，首先保证产品的质量安全，其次产品加工过程不添加任何添加剂，真正做到了天然无添加。依赖于丽水整个旅游业的发展以及云和紧水滩地区得天独厚的地理环境，云和的碳烤鱼干未来可以进行规模化生产，形成云和的特色农副产业。

制作工艺

工艺流程：小鱼前处理→碳烤→烘干→成品。

操作要点：

1. 原料

刀鱼（黄尾巴鱼、其他的小鱼）。

2. 剖肚、清洗

将新鲜捕捉的刀鱼剖肚，清除内脏，清洗干净，沥干水分。

3. 碳烤

将沥干水分的刀鱼整齐地摆放在碳烤特制的网筛上，一面烤制金黄色后，将鱼翻身，烤另一面，两面烤至金黄色发硬的时候，移至文火的烤炉上。该过程需要5 ~ 10min。

4. 烘干

文火烤炉温度保持在50 ~ 60℃，每隔20 ~ 30min，将鱼翻面；文火烤制2d，待鱼干全部变干，按压松脆时，完成烘干过程，此时烤炉温度已经降至30 ~ 40℃。

5. 贮存

烘干后的鱼干放凉后包装，置于阴凉干燥处，防潮保存。

6. 食用

碳烤鱼干可直接炒制，或烧汤，或烫火锅，可作为主食或配食，肉质松脆、鲜嫩，营养齐全。

营养参考（每 100g）

能量（kJ）	819.3	维生素 B_2（mg）	0.2	钠（mg）	4 375.0
蛋白质（g）	37.5	尼克酸 VPP（mg）	2.0	钙（mg）	590.0
脂肪（g）	3.1	维生素 E（mg）	0.3	铁（mg）	4.3
碳水化合物(g)	4.6	视黄醇当量（μg）	119.0		

注：以国家营养成分表中丁香鱼（干）计

仙宫鱼头

简介

仙宫鱼头，原料选用云和仙宫湖中的花鲢鱼。花鲢即鳙鱼，鳙鱼与高山泉水一起旺火细炖，其肉质鲜嫩，汤汁稠白鲜美。仙宫湖天然的生态环境以及优良的水质造就了仙宫鱼头的原汁原味和鲜嫩的口感。仙宫鱼头已经成为云和最具特色的招牌菜之一。云和湖位于浙江省丽水市云和县境内北部，跨越莲都、云和、龙泉三县（区）市，是紧水滩、石塘、玉溪水电站建成后形成的，为仙宫湖、龙廷湖、玉溪湖的总称，生态环境质量排全国第10位，为浙江省第二大人工湖。其中的仙宫湖以“绿谷平湖、瀑布飞流、岩峰多姿、曲溪田园、绿岛秀丽”著称。

产品特色及前景

云和县鳙鱼是仙宫湖盛产的一种生态鱼，鱼头富含蛋白质、脂肪、钙等，鱼肉中所含的卵鳞脂具有健脑，延缓衰老的作用。仙宫鱼头原汁原味，鲜而不腻，质嫩味美，香味浓郁，当地人喜好将鳙鱼做成原汁原味的鱼头火锅，口感佳、味道好，吸引了大量的游客来此品尝，渐渐地成了库区渔民增收致富的好途径，带动了云和一方经济。仙宫鱼头目前已经成为云和的首推菜品。

制作工艺

工艺流程：鱼头前处理→煎制→炒制→蒸煮→成品。

操作要点：

1. 原料

仙宫湖鳙鱼头、洋葱、紫苏、姜、葱、辣椒、味精、盐、山茶油、白酒。

2. 鱼头前处理

将新鲜的仙宫湖鲢鱼头洗净，切段备用。

3. 煎制

鱼头入油锅煎制，煎至微黄后出锅，备用。

4. 炒制

锅中放入猪油、洋葱、姜爆炒出香味后，加入鱼头、紫苏糟，淋白酒，煎炒。

5. 蒸煮

锅中倒入开水，加盐，旺火煮15～20min后出锅，然后加青葱、辣椒、味精调味，即可食用。

营养参考（每100g）

能量（kJ）	488.30	维生素 B_1（mg）	0.04	视黄醇当量（μg）	51.61
蛋白质（g）	17.99	维生素 B_2（mg）	0.08	胆固醇（mg）	98.49
脂肪（g）	4.85	尼克酸 VPP（mg）	2.53	钠（mg）	334.07
碳水化合物（g）	0.60	维生素 E（mg）	1.33	钙（mg）	54.43
膳食纤维（g）	0.40	维生素 C（mg）	0.97	铁（mg）	1.66

观音豆腐（绿豆腐）

简介

观音豆腐，又称绿豆腐、山豆腐，是云和独特的一种清凉食品，现在丽水以及其他地区均有食用。观音豆腐取材于高山中一种野生灌木豆腐柴，摘其叶子，揉搓成汁，加草木灰水，静放几分钟至结块而成。山豆腐清凉解热，如璞似玉，晶莹剔透，嫩滑爽口，有独特的风味，可凉拌，烧汤，也可红烧，且富含多种维生素、微量元素和氨基酸，是人们盛夏防暑降温的理想小吃，也是一种天然的绿色食品。

豆腐柴（*Promma microphylla* Turcz），又名臭黄荆、观音柴，被当地人形象称为“观音草”，为马鞭科豆腐柴属多年生落叶灌木，高达2～6m。生长期每年3—11月，叶呈椭圆形，有异味，花冠淡黄色，核果倒卵形至近球形，熟时紫黑色，花果期5—9月。豆腐柴适宜生长于微酸性至酸性土壤，主要生于海拔 500～1 000m 的林缘、林下、灌木丛中，广泛分布于我国华东、华中、华南、浙江、福建、四川、贵州等省区，是一种药食兼用的植物。其叶片含有丰富的果胶、植物蛋白质、纤维素和过氧化物酶，根茎中含有多种药用成分，具有清热解毒、消肿止血、主治毒蛇咬伤、无名肿毒、创伤出血的作用。

发展历史

观音豆腐是丽水云和、青田等一带常见的汉族小吃。关于观音豆腐的由来有两种说法。第一种说法是相传很久以前，人间发生饥荒，难民无数，尸横遍野。观音不忍，用杨柳枝洒甘露于人间。甘露所到之处，长出了簇簇绿树。饥民摘叶取其汁加灰做成了“豆腐”，食用充饥，挨过了饥荒。“观音树”“观音豆腐”之名因此而来。

第二种说法是古时相传，有一小伙上山到观音庙中修佛，每天敲钟诵经，甚是枯燥乏味，内心烦躁坐立不安。晚饭时间准备生火做饭时发现已无干柴火，又见灶台边早上刚砍回的新枝梢，难以起火，心情烦躁，心里升起修佛悔意，就拿起手中的吹火棍，不断地敲打树枝叶，以发泄内心的苦闷，此时，一阵山风吹过来掀起炉堂中的草木灰，掉到树叶汁中，使汁液瞬间凝块，取之食用，顿觉心清气爽，内心一阵激动，觉得是观音在点化他，坚定了修佛的决心，见其形似豆腐，称其为“观音豆腐”，并逐渐在民间推广开来。

产品特色及产业前景

观音豆腐选择天然生长的观音草鲜叶加入凝固剂加工而成，未加任何食品添加剂，产品绿色安全。豆腐柴叶蛋白含量高，必需氨基酸组分齐全，含量丰富，并且富含维生素C 和微量元素等，具有较高营养价值。观音豆腐因其历史悠久、形状独特、营养丰富，已成为城乡百姓餐桌上的最爱。但是目前该产品食用具有季节性，在夏季作为一种清热解毒的产品食用较多。由于其未加添加剂，因此保存时间较短，目前只适合作为一种即食性产品销售，在丽水各大旅游景区均能看到观音豆腐的身影。

制作工艺

工艺流程：鲜叶采摘→清洗→（漂烫）→揉搓→过滤→凝固→成品。

操作要点：

1. 原料

豆腐柴鲜叶、凝固剂（碳酸钙或草木灰过滤液）。

2. 清洗漂烫

将豆腐柴鲜叶用清水洗净，用90℃热水漂烫40 ~ 60s。也可以不经过漂烫直接揉搓。不经过漂烫的鲜叶制作出来的观音豆腐青草气味很浓。

3. 揉搓

将洗净后的鲜叶加适量水反复揉搓，至糊状。

4. 过滤

将揉搓好的糊状流体倒入双层纱布，然后包起纱布，反复揉搓，挤出滤液，如过滤困难可适当加入清水。过滤和揉搓过程中清水添加总重量和鲜叶重量比为8：1。

5. 凝固

过滤完成后，取滤液进行凝固。凝固通常用草木灰过滤液，添加鲜叶重量比例为0.5：1的草木灰；或者添加质量分数为0.25%的碳酸钙溶液，添加量为鲜叶重量比例

0.5：1。加入凝固剂后立即顺时针搅拌，搅拌至稍有阻力，感觉汁液已经开始凝固时停止搅拌。静置2h待其完全凝固，即可食用。

6. 食用

可凉拌，可烧汤，可直接炒制食用。

营养参考（每 100g 豆腐柴鲜叶）[1]

水分（%）	11.4	维生素 C（mg）	361.6
蛋白质（g）	13.5	锌（mg）	207.0
脂肪（g）	3.8	磷（mg）	120.0
总糖（g）	9.0	钙（mg）	870.0
膳食纤维（g）	9.9	铁（mg）	59.5

参考文献

［1］ 曹稳根，蔡红，高贵珍，等．野生豆腐柴营养成分分析 [J]. 生物学杂志，2001，18（4）：23–24.

梅源猪脚

简介

梅源猪脚是用农家土猪脚和中药材牛奶藤一起焖烧而成。其色泽红亮，肥而不腻。猪脚含有丰富的胶原蛋白，脂肪含量比肥肉低。牛奶藤作为一味中药，具有祛风除湿功效，因此梅源猪脚也是一种药膳，具有食补的作用。云和的梅源猪脚成为“丽水市农家乐十大名菜”之一。

发展历史

相传很久以前，云和崇阳人只吃猪肉，不吃猪脚，认为猪脚骨多皮厚没吃头，有一年一个穷人家宰猪，主妇舍不得把猪脚丢掉，就随便剁烂，放在锅里煮。因为忙于其他家务活，忘了锅里的猪脚，锅内水煮干后，香气四溢。这时一位秀才经过，闻到香气，问道：“什么东西这么香？”主妇这才想起锅里的猪脚，看到锅内水已经烧干，忙拿起锅边上的酱油胡乱倒入锅内，结果香味更浓。她让秀才品尝猪脚，秀才觉得味道很棒，便取名红烧猪脚。经过秀才的宣扬，人们不再丢掉猪脚，而是学做红烧猪脚，后来越做越精就越好吃，也就成了招待客人的佳肴[1]。现在每年开犁农忙时，因高山梯田寒气和湿气重，耕农就将牛奶藤煮出药汁后和猪脚一起烧制食用，强身健体，祛寒湿。慢慢地，每逢过年时期，梅源一带的家家户户就会烧制猪脚犒劳辛勤劳作了一年的家人。

产品特色及前景

梅源猪脚原料采用农家土猪肉，质量更加安全，其中牛奶藤作为一种中药加入，使得该菜品具有食补的药用价值。牛奶藤（*Schnabelia oligophylla* var. *oblongifolia* C. Y. Wu et C.Chen.），又称长叶四棱草，治风湿筋骨疼痛，有清热解毒的功效。现在城市生活的节奏越来越快，很多人返璞归真，对农家菜特别喜爱，尤其是具有食补作用的菜品。因此云和的梅源猪脚在越来越注重健康养生的现在，是越来越多消费者的选择。

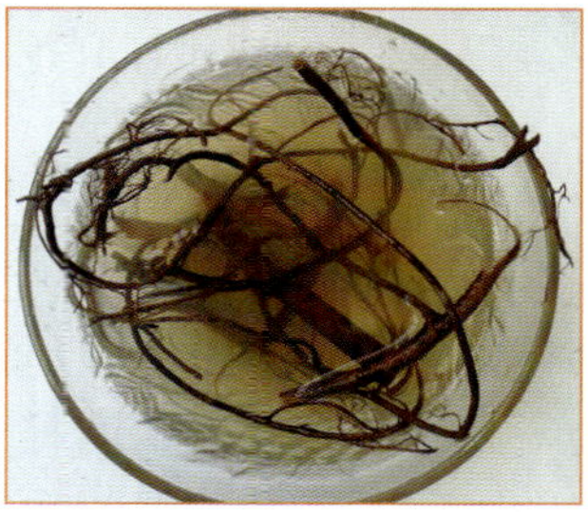

制作工艺

工艺流程：原料前处理→炒制→炖煮→成品。

操作要点：

1. 原料

梅源土猪脚、牛奶藤、色拉油、盐、酱油、白糖、料酒、姜。

2. 原料前处理

土猪脚洗净，剁成块，放入热水中焯一下，撇去浮沫，捞出，冷水冲洗，沥干，待用；牛奶藤加水煮汁，待用。

3. 炒制

热锅中倒入色拉油，放入姜片炝锅，然后倒入猪脚，旺火爆炒；炒干水分后加入盐、酱油、白糖、料酒、焖炒至上色。

4. 炖煮

倒入牛奶藤汁旺火烧开，小火微炖1h左右至猪蹄变软后，即可出锅食用。

营养参考（每100g）

能量（kJ）	960.86	维生素 B_1（mg）	0.07	视黄醇当量(μg）	0.06
蛋白质（g）	16.30	维生素 B_2（mg）	1.07	钠（mg）	543.92
脂肪（g）	17.85	尼克酸 VPP（mg）	0.06	钙（mg）	3.24
碳水化合物(g）	3.83	维生素 E（mg）	73.11	铁（mg）	0.30
膳食纤维（g）	0.06				

参考文献

[1] 丽水农家乐百菜谱编委会 . 丽水农家乐百菜谱 [M]. 中国民族摄影艺术出版社，2011：10.

耕农水参

简介

耕农水参是云和县农家特色菜肴之一，原料采用梯田上稻田中的泥鳅，和梯田“三白”之一的白黄瓜一起炖制，该菜肉质肥嫩，味道鲜美。由于是在稻田中养的泥鳅，因此取名为耕农水参。

泥鳅（*Misgurnus anguillicaudatus* Cantor），属鳅科，含较高蛋白质，脂肪含量低，具有补中益气、除湿退黄、益肾助阳、祛湿止泻、暖脾胃、疗痔、止虚汗的功效，素有“天上的斑鸠，地下的泥鳅”和“水中人参”之美誉。一般人群均可食用，特别适宜身体虚弱、脾胃虚寒、营养不良、小儿体虚盗汗者食用，有助于生长发育；同时适宜老年人及有心血管疾病、癌症患者及放疗化疗后、急慢性肝炎及黄疸患者食用，更适用于急性黄疸型肝炎，可促进黄疸和转氨酶下降；同时适宜阳痿、痔疮、皮肤疥癣瘙痒之人食用[1]。

历史发展

耕农水参为云和县农家特色菜。相传古时，在梯田上有一位孝子，因家境贫寒，没有钱买补品给家中体弱多病的父母滋补身体，心中愧疚。每年农耕时，看见田中泥鳅甚多，突发奇想，泥鳅肉质细嫩总会适合老人食用吧！于是，每天抓回泥鳅，让妻子炖成汤给老人食用，不久后其父母变得体质强健，脸色红润，且少病，周围农户看见也争抢着抓泥鳅做菜养生，因泥鳅素有“水中人参”之称，于是便有“耕农水参”之说，流传至今。

产品特色及前景

泥鳅具有补中益气暖脾胃的药效，再配以紫苏，两者均具有药用价值，使耕农水参这道农家菜可以作为药膳食用，不仅美味而且更具滋补功效。稻田养泥鳅是现在生态养殖的典型案例，这种模式在丽水地区很常见，还有稻田养鱼、稻田田螺等，云和一些合作社采用这种模式养殖泥鳅，日见经济效益。

制作工艺

工艺流程：原料前处理→烧汤→炒制→蒸煮→成品。

操作要点：

1. 原料

泥鳅、黄瓜、紫苏、酒糟、姜、料酒、蒜、盐、色拉油。

2. 原料前处理

黄瓜去皮，按“+”形对分切开，去囊，切成斜块，备用；泥鳅放在清水中吐泥2d，去泥腥味，备用。

3. 烧汤

锅中放油、姜片、酒糟进行小炒，然后加料酒、水、盐烧制成汤；把汤倒入高压锅，再把清洗好的泥鳅倒入，大火上气10min 出锅。

4. 炒制

锅中放油，加蒜小炒，再倒入切好的黄瓜进行炒制，然后把高压锅中的泥鳅倒入锅中加紫苏，煮2～3min，出锅,即可食用。

营养参考（每 100g）

能量（kJ）	452.69	维生素 B_1（mg）	0.09	视黄醇当量（μg）	103.98
蛋白质（g）	15.43	维生素 B_2（mg）	0.31	钠（mg）	189.49
脂肪（g）	3.79	尼克酸 VPP（mg）	5.30	钙（mg）	253.44
碳水化合物（g）	3.05	维生素 E（mg）	1.22	铁（mg）	3.15
膳食纤维（g）	0.38	维生素 C（mg）	2.88		

参考文献

[1] 泥鳅 . 百度百科 [DB/OL].https://baike.baidu.com/item/ 泥鳅 /462306?fr=aladdin#6_1.

DB3311

丽水市地方标准规范

DB3311/T26—2014

缙云烧饼制作规程

2014-09-03发布　　　　2014-10-03实施

丽水市质量技术监督局　发布

前　言

本标准根据GB/T1.1-2009给出的规则起草。

本标准由缙云县缙云烧饼品牌建设办公室提出。

本标准由缙云县缙云烧饼品牌建设办公室、缙云县质量技术监督局负责起草。

本标准起草人：樊咏梅、丁林基、赵一均。

本标准属首次发布。

缙云烧饼制作规程

1 范围

本标准规定了缙云烧饼的术语和定义、配备设施、燃料、原辅料要求和制作方法。

本标准适用于缙云烧饼制作。

2 规范性引用文件

下列文件对本文件的应用是必不可少的。凡是注日期的引用文件，仅注日期的版本适用于本文件。凡是不注日期的引用文件，其最新版本（包括所有的修改单）适用于本文件。

GB 1355	小麦粉
GB 1887	食品添加剂 碳酸氢钠
GB 2707	鲜（冻）畜肉卫生标准
GB 5461	食用盐
GB 5749	生活饮用水卫生标准
GB/T 17664	木炭和木炭试验方法
GB/T 26913	竹炭

3 术语和定义

下列术语和定义适用于本标准。

3.1 缙云烧饼

缙云烧饼亦称桶饼，是以面粉、鲜猪肉和缙云菜干为主要原料制作成饼坯，经烧饼桶炭火烘烤制成的具有饼色黄亮、表脆内糯、油而不腻、鲜香满口的缙云风味小吃。

3.2 缙云菜干

是以雪里蕻（九头芥）为原料，经腌制、发酵、多次回卤、晒干，呈酱褐色，并具独特香味的干菜。

3.3 糖油

用麦芽糖、蔗糖、少量食用植物油为原料经煎煮而成的糖油。

4 配备设施

4.1 烧饼桶

用缙云陶制作炉芯，外箍木板，中间填充保温材料的桶状专用烘烤设备，其规格型号见表1。

表 1　烧饼桶规格型号

型号	内芯直径
1 号桶	60cm
2 号桶	50cm
3 号桶	42cm

4.2　烧饼钳

采用特制专用宽嘴烧饼铁钳。

5　燃料

5.1　木炭

木炭应符合GB/T 17664的规定

5.2　竹炭

竹炭应符合GB/T 26913的规定。

6　原辅料

6.1　猪肉

应符合GB 2707规定的鲜猪肉，优先选用鲜五花肉。

6.2　面粉

应符合GB 1355规定的小麦粉。

6.3　水

应符合GB 5749的规定。

6.4　食用盐

应符合GB 5461规定的食用盐。

6.5　碳酸氢钠（小苏打）

碳酸氢钠应符合GB 1887的规定

6.6　其他辅料

其他辅料应符合相应的标准规定。

7　制作方法

7.1　发面

7.1.1　面娘制作

将面粉、米粥按一定比例混合，经传统工艺发酵制成。

7.1.2　面团制作

按500g面粉、150g热水和100g面娘的比例，先将面粉放入容器，再倒入80℃左右的热水，最后加入面娘。经充分搅拌，反复搓揉而成。

7.1.3 酿面

将面团放入容器，盖上符合食品卫生要求的湿棉布，按气温高低、季节不同确定酿面时间，一般为4～6h。

7.2 烧饼桶预热

将木炭或竹炭放入炉芯内点燃，预热炉芯。

7.3 馅料制作

将猪肉切成粒，缙云菜干切成精细，根据消费者需求，确定瘦肉、肥肉、缙云菜干搭配比例，适当添加葱、糖、辣粉等调味品。

7.4 饼坯制作

7.4.1 面坯制作

将酿好的面团放在工作台上，添加适量碳酸氢钠（小苏打粉）去酸，反复搓揉均匀成圆条状。按需掐取适量，压成中间厚、边缘薄的面坯。

7.4.2 填馅

根据面坯大小，填入适量馅料，均匀包裹，收口捏拢成球形状。

7.4.3 成形

用手掌在球形状中心多次轻压，成稍扁状，再用擀面工具多次擀压正反两面，直至形成馅料分布均匀、两面面坯厚薄基本一致的圆形饼坯。

7.5 烘烤

7.5.1 涂糖油

用符合食品卫生要求的刷子蘸取适量糖油，在饼坯的一面均匀涂抹。

7.5.2 撒芝麻

取少量芝麻，均匀撒在涂糖油面。

7.5.3 烤贴

待烧饼桶芯壁温度达到200℃左右（用少量面团擦到炉壁，立即发黄）时，将未涂有糖油饼坯一面涂上水后迅速贴实炉壁，用炭火继续加温3～4min，观察炉中饼面出现金黄色，香味溢出时，表明饼已烤熟。

7.5.4 起饼

操控烧饼铁钳的两片嘴皮稍稍张开，一片嘴皮贴到已烤熟的饼底轻轻地一铲，另一边嘴皮及时衔拢夹紧，迅速取出。

7.5.5 制作流程图

缙云烧饼制作流程图见附录A。

附 录 A
（资料性附录）

缙云烧饼制作流程图

制作流程

发面 → 烧饼桶预热 → 馅料制作 → 饼坯制作 → 烧烤

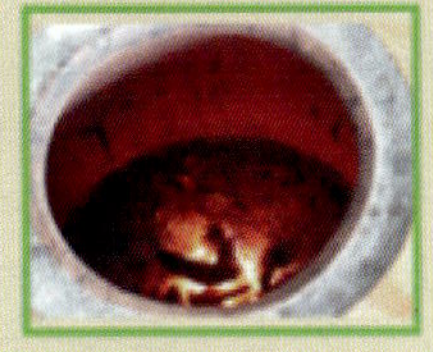

制作要点

发面	烧饼桶预热	馅料制作	饼坯制作	烧烤
1. 面娘制作 将面粉、米粥按一定比例混合，经传统工艺发酵制成 2. 面团制作 按500g（1斤）面粉、150g（3两）热水和100g（2两）面娘的比例，先将面粉放入容器，再倒入80℃左右的热水，最后加入面酿。经充分搅拌，反复搓揉而成 3. 酿面 将面团放入容器，盖上符合食品卫生要求的湿棉布，按气温高低、季节不同确定酿面时间为4～6h	烧饼桶预热 将木炭或竹炭放入炉芯内点燃，预热炉芯	馅料制作 将猪肉切成粒，缙云菜干切成精细，根据消费者需求，确定瘦肉、肥肉、缙云菜干搭配比例，适当添加葱、糖、辣粉等调味品	1. 面坯制作 将酿好的面团放在工作台上，添加适量碳酸氢钠（小苏打粉）去酸，反复搓揉均匀成圆条状。按需掐取适量，压成中间厚、边缘薄的面坯 2. 填馅 根据面坯大小，填入适量馅料，均匀包裹，收口捏拢成球形状 3. 成形 用手掌在球形状中心多次轻压，成稍扁状，再用擀面工具多次擀压正反两面，直至形成馅料分布均匀、两面面坯厚薄基本一致的圆形饼坯	1. 涂糖油 用符合食品卫生要求的刷子蘸取适量糖油，在饼坯的一面均匀涂抹 2. 撒芝麻 取少量芝麻，均匀撒在涂糖油面 3. 烤贴 待烧饼桶芯壁温达到200℃左右（用少量面团擦到炉壁，立即发黄）时，将未涂糖油饼坯的一面涂上水之后迅速贴实炉壁，用碳火继续加温3～4min，观察炉中饼面出现金黄色，香味溢出时，表明饼已烤熟 4. 起饼 操控烧饼铁钳的两片嘴皮稍稍张开，一片嘴皮贴到已烤熟的饼底轻轻地一铲，另一边嘴皮及时衔拢夹紧，迅速取出

DB331127

景宁畲族自治县地方标准

DB 331127/ T062.1—2015

畲乡特色菜肴制作规范
第1部分：豆腐娘

2015-06-25发布　　　　2015-07-20实施

景宁畲族自治县质量技术监督局　发布

前　言

本标准按照GB/T 1.1-2009给出的规则起草。

本标准由景宁畲族自治县餐饮协会提出并归口。

《畲乡特色菜肴制作规范》分为6个部分。

——第1部分：豆腐娘；

——第2部分：憨驴菜烧猪脚；

——第3部分：山豆腐；

——第4部分：乌米饭；

——第5部分：山姜炒腌菜；

——第6部分：英川田螺煲。

本部分为第1部分。

本部分主要起草单位：景宁畲族自治县餐饮协会、景宁畲族自治县农村工作办公室、建设全国畲族文化发展基地办公室、景宁畲族自治县质量技术监督局。

本部分主要起草人：张华杰、柳家和、雷卫军、石爱玉、张晔。

引　言

传说在很久以前，畲民从遥远的凤凰山迁徙至景宁一带，过着刀耕火种的日子。有一天，村里来了一位须发飘飘的过路老人，由于好几天没有进食，已经奄奄一息。好心的雷大嫂拿出家里仅有的一捧毛豆煮给老人吃，可是老人根本吞咽不下。聪明的雷大嫂灵机一动，马上找来两块石头，把剥好的毛豆捣碎，然后连汤带汁放在锅里煮，这样就很容易吞咽，而且味道十分鲜美。老人喝下雷大嫂的特制豆汤后，哈哈大笑，连声称好。原来这位老者是一位仙人，他故意前来试探畲民是否聪明善良。现在，他得到了一份满意的答案，于是赐予畲民世代幸福安康。从此，村民们纷纷学做这种菜，还给它取了个好听的名字——“豆腐娘”。豆腐娘有着这样一个美丽的传说，并且美味有加，畲民们非常喜爱这道菜，把它奉为畲家待客第一菜。

畲乡特色菜肴制作规范 第1部分：豆腐娘

1 范围

本标准规定了豆腐娘的原料及要求、烹饪器具、制作工艺、装盘、菜品要求和最佳食用时间。

本标准适用于加工烹制豆腐娘。

2 规范性引用文件

下列文件对于本文件的应用是必不可少的。凡是注日期的引用文件，仅所注日期的版本适用于本文件。凡是不注日期的引用文件，其最新版本（包括所有的修改单）适用于本文件。

GB 1352　　大豆

GB 5461　　食用盐

GB 5749　　生活饮用水卫生标准

3 术语和定义

下列术语和定义适用于本标准。

豆腐娘

是以黄豆为主要原料，经浸泡、磨制，加其他佐料烹饪而成的一种菜肴。

4 原料及要求

4.1 原料

4.1.1 主料：黄豆，宜用新的嫩豆。

4.1.2 配料：水。

4.1.3 佐料：猪油、盐、大蒜。

4.2 要求

4.2.1 黄豆应符合GB 1352的规定。

4.2.2 用水应符合GB 5749的规定。

5 烹饪器具

5.1 炉灶：宜选用燃油或燃气炒菜灶。

5.2 炊具：炒锅。

5.3 原料处理：石磨。

6 制作工艺

6.1 原料处理

新鲜青豆洗净或黄豆完全泡涨，备用。

6.2 磨浆

加一定量的水，用石磨磨成浆，待用。

6.3 烹制方法

6.3.1 锅内放少许食用油，倒入豆腐娘原浆，撒少许食用盐。

6.3.2 文火慢煮，待假沸气泡消失至熟。

6.4 调味

6.4.1 锅内倒入适量食用油（以每升豆腐娘加0.1L食用油为宜），加入生姜、大蒜炝锅。

6.4.2 加入豆腐娘，加适量食用盐。

6.4.3 可根据个人喜好加入葱、香菜或瘦肉末等其他配料。

7 装盘

7.1 盛装器皿

锅仔、陶罐。

7.2 盛装方法

豆腐娘装入锅仔，慢火熬制、明火保温或装入陶罐。

8 菜品要求

8.1 感官要求

8.1.1 色泽

呈碧绿或乳白色泽。

8.1.2 香味

鲜香味扑鼻。

8.1.3 口味

嫩而不滑、糊而不腻的口感。

8.1.4 形态

稠稀适中，具有豆花状。

8.2 卫生要求

菜品应无异物、无杂质、无异味。

9 最佳食用时间

9.1 从菜品出锅至食用，时间以不超过30min为宜。

9.2 用青豆为每年农历7—9月（公历8—11月）。

9.3 用黄豆一年四季均可。

DB331127

景宁畲族自治县地方标准

DB 331127/ T062.4—2015

畲乡特色菜肴制作规范
第 4 部分：乌米饭

2015-06-25发布 2015-07-20实施

景宁畲族自治县质量技术监督局 发布

前　言

本标准按照GB/T 1.1-2009给出的规则起草。

本标准由景宁畲族自治县餐饮协会提出并归口。

《畲乡特色菜肴制作规范》分为6个部分。

——第1部分：豆腐娘；

——第2部分：憨驴菜烧猪脚；

——第3部分：山豆腐；

——第4部分：乌米饭；

——第5部分：山姜炒腌菜；

——第6部分：英川田螺煲。

本部分为第4部分。

本部分主要起草单位：景宁畲族自治县餐饮协会、景宁畲族自治县农村工作办公室、建设全国畲族文化发展基地办公室、景宁畲族自治县质量技术监督局。

本部分主要起草人：张华杰、柳家和、雷卫军、石爱玉、张晔。

引 言

相传，古代畲民为抵御外侵退入深山，在重重围困中，大家靠一种植物驱虫防病，并把它与携带的大米一起蒸煮。没想到，这种米饭不仅味道甘美可口，还能在炎热的夏日存放长久不致变馊。就靠着这样的食物，畲族先民们成功地抵抗了外侵，在当年农历三月三终于突出重围。这种植物即为乌饭树，畲民将用乌饭树叶煮的米饭称为“乌米饭”。为纪念这段历史，也为褒奖畲族勇士们的浴血奋战，在庆祝胜利的时候，家家户户都蒸煮乌米饭，这种传统一直延续至今。

民间流传着一首关于乌米饭的畲歌“景宁是个好地方，三月初三三月三，人人都要染乌饭，吃了乌饭身健康”。

畲乡特色菜肴
第4部分：乌米饭

1 范围

本标准规定了乌米饭的原料及要求、烹饪器具、制作工艺、装盘、菜品要求和最佳食用时间。

本标准适用于加工烹制乌米饭。

2 规范性引用文件

下列文件对于本文件的应用是必不可少的。凡是注日期的引用文件，仅注日期的版本适用于本文件。凡是不注日期的引用文件，其最新版本（包括所有的修改单）适用于本文件。

GB 1354	大米
GB 2716	食用植物油卫生标准
GB 5749	生活饮用水卫生标准
GB/T 10460	豌豆
NY/T 1048	绿色食品 笋及笋制品

3 术语和定义

下列术语和定义适用于本标准。

3.1 乌饭树

又名南烛，古称染菽。为常绿灌木或小乔木，高2～6（9）m。多分枝，幼枝被短柔毛，老枝紫褐色。叶柄长2～8mm，通常无毛或被微毛。叶片薄革质，椭圆形、菱状椭圆形、披针状椭圆形，长4～9cm，宽2～4cm，先端锐尖，渐尖，基部楔形，宽楔形，边缘有细锯齿，表面平坦有光泽，侧脉5～7对，斜伸至边缘以内网结。枝叶酸涩，常入药。

3.2 乌米饭

是以糯米为主要原料，经乌饭树的嫩叶汁浸泡后烹制而成的食品。

4 原料及要求

4.1 原料

4.1.1 主料：糯米，乌饭树叶汁。

4.1.2 配料：水、豌豆、笋、咸肉。

4.1.3 佐料：食用油、食用盐。

4.2 要求

4.2.1 用水应符合GB 5749的规定。

4.2.2 原料应干净卫生，符合GB 1354、GB/T 10460、NY/T 1048的规定。

5 烹饪器具

木质饭甑。

6 制作工艺

6.1 初步加工

6.1.1 乌枝树叶清洗干净，捣烂后加适量水，用纱布过滤挤汁，待用。

6.1.2 糯米洗净后，泡入乌枝树叶汁中，1～10℃低温浸泡8～10h。

6.1.3 取出浸泡好的糯米，倒出多余的汁水，入饭甑隔水蒸，上气后8～10min去火，闷至全熟。

6.2 调味

炒锅中放油烧热，依个人口味，可加入豌豆、笋、咸肉等佐料翻炒片刻，倒入蒸好的乌米饭，炒匀即可。

7 装盘

7.1 盛装器皿

小型杉木蒸饭桶。

7.2 盛装方法

乌米饭装入小型杉木蒸饭桶。

8 菜品要求

8.1 感官要求

8.1.1 色泽

具有紫黑油亮的色泽。

8.1.2 香味

清新的香气。

8.1.3 口味

香软的口感。

8.1.4 形态

油黑发亮，饭粒分散独立、无黏稠状。

8.2 卫生要求

菜品应无异物、无杂质、无异味。

9 最佳食用时间

9.1 从出锅至食用，时间以不超过15min为宜。

9.2 每年清明节至立夏时节。

DB33

ICS 65.020.20

浙江省地方标准

DB33/T 797—2015
代替DB33/T 797—2010

惠明茶生产技术规程

Technical regulations for cultivation of Huiming tea

2015-11-02发布 2015-12-02实施

浙江省质量技术监督局 发布

前　言

本标准按GB/T 1.1-2009给出的规则起草。

本标准代替DB33/T 797-2010《地理标志产品 惠明茶》。本标准与DB33/T 797—2010相比，除编辑性修改外主要技术变化如下。

——删除原附录A《惠明茶地理标志产品保护范围图》；

——增加了附录A《惠明茶质量要求》；

——增加了附录B《茶树主要病虫害防治要求》；

——增加了附录C《惠明茶标准化生技术模式图》；

——调整原附录B“茶园管理”至正文中。

本标准由浙江省农业厅提出。

本标准由浙江省茶叶标准化技术委员会归口。

本标准起草单位：景宁畲族自治县农业局、景宁畲族自治县惠明茶行业协会。

本标准主要起草人：包佐森、刘祝安、袁航、刘建平、张丽芬、潘昌平。

惠明茶生产技术规程

1 范围

本标准规定了惠明茶的术语和定义、自然环境、茶园种植和管理、鲜叶与加工和产品质量要求。

本标准适用于惠明茶的生产。

2 规范性引用文件

下列文件中的条款通过本部分的引用而成为本部分的条款。凡是注日期的引用文件，仅所注日期的版本适用于本文件。凡是不注日期的引用文件，其最新版本（包括所有的修改单）适用于本文件。

GB 4285	农药安全使用标准
GB/T 8321	（所有部分）农药安全使用准则
GB 11767	茶树种苗
GB/T 14487	茶叶感官审评术语
GH/T 1077	茶叶加工技术规程
NY 5020	无公害食品　　茶叶产地环境条件

3 术语和定义

GB/T 14487 确立的及下列术语和定义适用于本标准。

惠明茶在景宁畲族自治县所辖行政区域范围内自然生态条件下，选用本地群体、“景白1号”、“景白2号”及适制惠明茶的中小叶茶树品种的鲜叶为原料，经本标准6.2.3加工工艺加工制成的符合地理标志产品惠明茶质量技术要求，具有惠明茶品质特征的绿茶。外形包括卷曲形、扁条形两种。

4 自然环境

4.1 地理

惠明茶产区位于浙江省南部，瓯江上游，介于东经119°11′～119°58′，北纬27°39′～28°11′，地域为浙闽交界洞宫山脉西侧，山系与雁荡山、括苍山相壤，地势由西南向东北渐倾，地形复杂，海拔悬殊。茶园主要分布在山地、丘陵间。

4.2 气候

属中亚热带季风气候，四季分明，热量丰富，温暖湿润，雨量充沛，无霜期长。

4.3 土壤

茶园土壤主要为红黄壤及其变种，以石沙土、红壤土、红黄壤土、黄壤、黄泥沙土等为主，土壤呈酸性或微酸性，pH值4.0～6.5，有机质含量1.5%以上，土层深厚。

4.4 植被

属我国东部中亚热带常绿阔叶林，浙闽山丘甜槠木荷林区。以常绿阔叶林、常绿和落叶阔叶林、针阔混交林以及人工培育的马尾松、杉木林、毛竹、经济林等为主。

5 茶园种植和管理

5.1 品种

选用本地群体、“景白1号”、“景白2号”及适制惠明茶的中小叶品种。无性系品种苗木质量要求按GB 11767规定执行。

5.2 园地选择

茶园应选择保护区范围内海拔300～1 100m，土壤pH值4.0～6.5，土层深度0.5m以上，有机质含量1.5%以上，远离污染源，并具有可持续生产能力的农业生产区域。茶园环境的空气质量、土壤环境质量和灌溉水质量按NY 5020的规定。

5.3 茶园种植

5.3.1 园地开垦

坡度15°以下平缓地直接开垦，翻垦深度50cm以上。坡度15°～25°坡地，按等高水平线筑梯地，梯面宽应在1.5m以上为宜，然后全面深耕50cm以上。

5.3.2 种植时间

春季种植时间为2月中下旬至3月下旬；秋季种植时间为10月中旬至12月中旬。

5.3.3 种植密度

5.3.3.1 单条植行距为130cm，从距为30～35cm，每从植苗1～2株，每667m^2（亩）植苗数以2 000～3 000株为宜。

5.3.3.2 双条植大行距为150cm，小行距为35～40cm，从距为30～35cm，每从植苗1～2株，每667m^2（亩）植苗数以3 000～4 000株为宜。

5.4 茶园管理

5.4.1 土壤管理

维护茶园生态，适时进行耕作、锄草，茶树行间宜用绿肥、作物秸秆、修剪枝叶等进行覆盖。

5.4.2　施肥

5.4.2.1　施肥原则

以有机肥为主，有机肥与化肥相结合，配方施肥，科学施肥。

5.4.2.2　施肥时期

春茶前施催芽肥，春茶结束后施追肥，秋冬季结合深耕施基肥。

5.4.2.3　施肥量

（1）一年生的幼龄茶园，5月底至6月初第一次施肥，结合松土，每667m^2（亩）用尿素2kg～3kg，撒施后覆土或对水稀释后浇施，夏秋季再追肥1～2次。第二年开始每年分春、夏、秋三季追肥3～5次，用量应随树龄增长逐年增加。

（2）生产茶园每生产100kg干茶应施纯氮20～30kg，氮、磷、钾按3：1：1比例配施，其中基肥施肥量占总量的60%以上。

5.4.3　茶树修剪

5.4.3.1　定型修剪

幼龄茶园进行3～4次定型修剪。茶苗定植时，剪除离地15～20cm的主枝；第二年春茶打顶采摘后，剪去离地30～35cm以上的枝条或在上年剪口上提高10～15cm处修剪；第三年春茶采摘后，在离地45～50cm处修剪。

5.4.3.2　轻修剪

成龄投产茶园通过轻修剪保持树势，一般每年进行一次，春茶采摘结束后在上年剪口上提高3～5cm处修剪。

5.4.3.3　重修剪

宜在春茶后进行，用整枝剪或重修剪机将衰老茶树地上部分的枝条剪去1/3或1/2。

5.4.3.4　台刈

宜在春茶后进行，用台刈机或锋利刀将老茶树离地5～10cm地上部分全部刈去。

5.4.4　病虫害防治

5.4.4.1　防治原则

采取生态调控、理化诱控、生物防治、科学用药相结合，加强病虫测报，掌握病虫害发生规律，做好防治工作。

5.4.4.2　生态调控

采用种植和保护园区树木及其他植被，维护和修复茶园生态环境。及时分批采摘，合理修剪疏枝。

春、夏、秋每季采茶结束后，茶园进行除草、浅耕，秋季结合深挖施基肥清除病虫残枝。及时分批采摘，合理修剪疏枝。

5.4.4.3　理化诱控

（1）进行灯光、色板诱杀。20W太阳能灯每间隔20 010（30亩）～26 680m^2（40

亩）安装一盏，信息素色板每667m^2（亩）插置20～30片。

（2）冬季摘除茶毛虫、黑毒蛾越冬卵快和清理各种病叶，茶季人工捕捉幼虫。

5.4.4.4　生物防治

保护茶园中的草蛉、瓢虫、蜘蛛、寄生蜂等有益生物，减少因人为因素对天敌的伤害。宜使用生物源农药（微生物农药、植物源农药和矿物源农药等）。

5.4.4.5　科学用药

按GB 4285和GB/T 8321（所有部分）的规定执行。茶园主要病虫害的化学防治参照附录A。

6　鲜叶与加工

6.1　采摘

6.1.1　采摘标准

本地群体及中小叶品种采摘标准为单芽、一芽一叶、一芽二叶；“景白1号”“景白2号”采摘标准为一芽一叶、一芽二叶，芽叶完整，色泽鲜绿，匀净。月于同批次加工的鲜叶，其嫩度、匀度、净度、新鲜度应基本一致。

6.1.2　采摘时间

2月下旬至10月上旬。

6.1.3　采摘方法

采用提手采法，轻采轻放，及时集叶，保持鲜叶新鲜。

6.1.4　鲜叶装运

应用清洁卫生、透气良好的盛具装盛，不应紧压。鲜叶运送应及时，防止发热、机械损伤和混入有毒、有害及非茶物质。

6.2　加工

6.2.1　加工环境与设备

加工环境与设备应符合GH/T 1077的规定。

6.2.2　鲜叶质量

6.2.2.1　鲜叶分为特级、一级、二级、三级。嫩度在一芽二叶以上的芽叶；鲜叶质量要求芽叶完整，嫩度匀净，详见表1。

表1　鲜叶质量要求

级别	质量要求
特级	单芽、一芽一叶初展为主
一级	一芽一叶初展为主，少量一芽一叶
二级	一芽一叶、一芽二叶初展为主
三级	一芽二叶为主

6.2.3　加工工艺

6.2.3.1　卷曲形惠明茶工艺为鲜叶摊放→杀青→捻揉→做形干燥→提香→成品。

6.2.3.2　扁条形惠明茶工艺为鲜叶摊放→杀青→理条→辉锅→提香→成品。

7　产品质量

7.1　基本要求

具有惠明茶的品质特征，无异味、无劣变。不应含有非茶类夹杂物，不着色、无任何添加剂。

7.2　质量要求

质量要求参见附录B。

8　惠明茶标准化生产技术模式图

惠明茶标准化生产技术模式图参见附录C。

附录 A

（资料性附录）

茶树主要病虫害防治要求

A.1 茶树主要病虫害的防治指标和防治适期

茶树主要病虫害的防治指标和防治适期见表A.1。

表 A.1 茶树主要病虫害的防治指标和防治适期

病虫害名称	防治指标	防治适期
茶小绿叶蝉	第一峰百叶虫量超过 6 头；第二峰百叶虫量超过 12 头	入峰后（高峰前期），且若虫占总量的 80% 以上
茶尺蠖	成龄投产茶园：幼虫量每平方米 7 头以上	1 ~ 2 龄幼虫期喷茶虫蠖病毒制剂，3 龄期前喷植物源农药或化学农药
茶毛虫	每百丛茶树有卵快 5 个以上。	3 龄期前幼虫期
黑刺粉虱	2 ~ 3 头 / 叶	卵孵化盛末期
茶橙瘿螨	每平方厘米叶面积有虫 3 ~ 4 头或指数值 6 ~ 8	6—9 月，发生高峰期前
茶炭疽病	茶树嫩叶初见病斑	5 月下旬至 6 月上旬，8 月下旬至 9 月上旬，在新梢（芽）叶期喷雾防治

A.2 茶树主要病虫害推荐使用农药

茶树宜推广使用低毒、低残留、高效的农药品种，严格执行安全间隔期规定，详见表A.2。

表 A.2 主要病虫害推荐使用农药品种

病虫害种类	防治药剂	667m^2（亩）使用量（ml）	安全间隔期（d）	年最多使用次数
茶小绿叶蝉	22% 噻虫•高氯氟悬浮剂	45	10	
	150g/L 茚虫威乳油	20	7	1
	240g/L 虫螨腈悬浮剂	30	10	1

（续表）

病虫害种类	防治药剂	667m²（亩）使用量（ml）	安全间隔期（d）	年最多使用次数
茶尺蠖	2.5% 溴氰菊酯乳油	20	5	1
	2.5% 氯氰菊酯乳油	20	7	1
	22% 噻虫・高氯氟悬浮剂	45	10	1
	茶核・苏云金	100 ~ 150	3	1
	0.6% 苦参碱水剂	60 ~ 75	7	1
	5.3% 联苯・甲维盐微乳剂	30	7	1
茶毛虫	茶毛核・苏云金	100 ~ 150	3	1
	5.3% 联苯・甲维盐微乳剂	30	7	1
黑刺粉虱	2.5% 溴氰菊酯乳油	20	5	1
	25g/L 联苯菊酯乳油	40	7	1
茶橙瘿螨	99% 矿物油乳油	500	7	1
	0.5% 藜芦碱可溶液	100	5	1
茶炭疽病	10% 苯醚甲环唑水分散粒剂	5 ~ 100	14	1
	250g/L 吡唑醚菌酯乳油	5	21	1

注：表中的药剂为推荐使用药剂，该药剂国家禁用或停用时，推荐药剂同时废止

附录 B

（资料性附录）
质量要求

B.1 要求

B.1.1 感官品质

B.1.1.1 品质指标

惠明茶各级品质指标应符合标准实物样，标准实物样每两年换样一次，标准实物样的制备应符合GB/T 18795的规定。

B.1.1.2 感官品质特征

（1）卷曲形惠明茶感官品质特征见表B.1。

表 B.1 卷曲形惠明茶的感官品质特征

项目特级		级别			
		特级	1 级	2 级	3 级
外形	条形	条索紧细稍弯曲	条索紧细稍弯曲	条索紧结弯曲	条索尚紧结
	色泽	绿润	绿润	尚绿润	深绿
	整碎	匀整	匀齐	匀称	尚匀称
	净度	匀净	洁净	洁净	尚洁净
内质	汤色	清澈明亮	黄绿明亮	黄绿	黄绿
	香气	嫩香持久	浓纯	纯正	纯和
	滋味	鲜爽	醇爽	醇厚	醇正
	叶底	嫩绿明亮	绿明亮	绿明亮	黄绿明亮

（2）扁条形惠明茶的感官品质特征见表B.2。

表 B.2 扁条形惠明茶的感官品质特征

项目特级		级别			
		特级	1 级	2 级	3 级
外形	条形	扁平直	扁平直	尚扁平	尚扁直
	色泽	翠绿	嫩绿	绿润	深绿
	整碎	匀整	匀齐	匀称	尚匀称
	净度	匀净	洁净	洁净	尚洁净
内质	汤色	嫩绿鲜明	黄绿明亮	绿明亮	黄绿
	香气	嫩香持久	香高持久	浓纯	纯正
	滋味	鲜醇回甘	鲜醇	醇厚	醇正
	叶底	嫩绿成朵	绿嫩明亮	绿明亮	黄绿明亮

B.1.2 理化指标

惠明茶理化指标应符合表B.3的规定。

表 B.3 惠明茶理化指标

项目	指标
水分（%）≤	7.0
水浸出物（%）≥	38.0
氨基酸（%）≥	2.5
茶多酚（%）≥	16
总灰分（%）≤	7.0
粉末（%）≤	1.0

B.1.3 卫生指标

B.1.3.1 污染物限量应符合GB 2762的规定。

B.1.3.2 农药残留限量应符合GB 2763的规定。

B.2 检测方法

B.2.1 感官审评

按GB/T 14887、GB/T 23776规定。

B.2.2 理化指标

B.2.2.1 取样

按GB/T 8302的规定执行。

B.2.2.2 磨碎试样的制备及其干物质的测定

按GB/T 8303规定执行。

B.2.2.3 水分

按GB/T 8304规定的方法测定。

B.2.2.4 水浸出物

按GB/T 8305规定的方法测定。

B.2.2.5 茶多酚

按GB/T 8313规定的方法测定。

B.2.2.6 游离氨基酸

按GB/T 8314规定的方法测定。

B.2.2.7 总灰分

按 GB/T 8306规定的方法测定。

B.2.2.8 粉末

按 GB/T 8311规定的方法测定。

B.2.3 质量安全指标

B.2.3.1 污染物限量应符合GB 2762的规定。

B.2.3.2 农药残留限量应符合GB 2763的规定。

B.3 判定规则

B.3.1 检验结果全部符合本标准规定技术要求的产品，则判该批次产品为合格品。

B.3.2 凡劣变、有污染、有异味或卫生指标中有一项不符合技术要求的产品，则判该批次产品为不合格品。

B.3.3 除卫生指标外，理化指标有一项不合格或感观指标不符合规定级别的，应在原批产品中加倍取样复验，复验中感观指标、理化指标不合格的，判该批次产品为不合格品。

B.3.4 对检验结果有争议时，应对留存样进行复检，或在同批次产品中重新按GB/T 8302规定加倍抽样，对不合格项目进行复检，以复检结果为准。

B.4 标志、标签、包装

B.4.1 标志、标签

B.4.1.1 获得批准的企业，可在其产品包装上使用惠明茶地理标志产品专用标志。

B.4.1.2 产品的包装储运图示标志应符合GB/T 191的规定。

B.4.1.3 惠明茶销售的包装标签应符合GB 7718的规定。

B.4.2 包装

B.4.2.1 包装容器应干燥、清洁、无异味、无毒、对产品品质无影响。

B.4.2.2 接触茶叶的包装材料应符合GH/T 1070的规定。

B.4.2.3 包装应牢固、防潮、防碎、整洁，能保护茶叶品质。

B.5 运输、贮存

B.5.1 运输

B.5.1.1 运输工具应清洁卫生、干燥、无异味、无污染。

B.5.1.2 运输中应稳固，应防潮、防淋、防晒。装卸时应轻装轻卸，防止挤压、碰撞。严禁与有毒、有害、有异味、易污染的物品混装和混运。

B.5.2 贮存

产品应贮于清洁、干燥、阴凉、无异气味的仓库中或冷藏，仓库周围应无异气味污染。

附录 C

（资料性附录）

惠明茶标准化生产技术模式图